Das KZ-Außenlager Genshagen

Struktur und Wahrnehmung der Zwangsarbeit
in einem Rüstungsbetrieb 1944/45

von

Stephan Jegielka

Tectum Verlag
Marburg 2005

Jegielka, Stephan:
Das KZ-Außenlager Genshagen.
Struktur und Wahrnehmung der Zwangsarbeit in einem Rüstungsbetrieb
1944/45.
/ von Stephan Jegielka
- Marburg : Tectum Verlag, 2005
ISBN 978-3-8288-8895-1

© Tectum Verlag

Tectum Verlag
Marburg 2005

Inhaltsverzeichnis

1. Einleitung 7
2. Eine wehrwichtige Anlage 17
3. Arbeitskräftemangel und Rüstungsindustrie 25
4. Die Begriffe Außenlager und Außenkommando 32
5. Daimler Benz Genshagen GmbH fordert Häftlinge an 35
6. Das Lager 38
7. Die KZ-Arbeit, Ökonomie oder Auspressung? 52
8. Die Häftlingsgesellschaft 56
9. Die SS 60
10. Der Werkschutzleiter William Knoll 90
11. Das Ende des Lagers 99
12. Schlussbetrachtung 100

Quellen- und Literaturverzeichnis 105

Abkürzungsverzeichnis 110

1. Einleitung

KZ-Häftlinge räumten in den deutschen Städten während des Zweiten Weltkrieges die Trümmerberge zerstörter Gebäude nach alliierten Bombenangriffen. KZ-Häftlinge entschärften die Blindgänger der RAF.[1] In den Rüstungsfabriken arbeiteten die deutschen Gefolgschaftsmitglieder mit KZ-Häftlingen in den selben Werkshallen. KZ-Häftlinge sangen zum Weihnachtsfest vor der deutschen Belegschaft und einem mit Hakenkreuzen geschmückten Weihnachtsbaum das Lied „Stille Nacht". KZ-Häftlinge wurden mit Schlägen und Tritten von Wachposten am helllichten Tag zum Arbeitsort durch deutsche Städte getrieben. Die Leichen von getöteten und verstorbenen KZ-Häftlingen wurden auf offenen Pferdewagen durch die Stadt zum Ort des Massengrabes gefahren. In den letzten Monaten des Krieges wurden KZ-Häftlinge, auf den Todesmärschen durch das Reich, vor den Augen der Bevölkerung hingerichtet. Das System der Konzentrationslager war offensichtlich ein Bestandteil des deutschen Alltags geworden.[2] Das Konzentrationslager kann daher nicht als von der gesellschaftlichen Umwelt isolierter Ort der Vernichtung, des Terrors und der Zwangsarbeit gesehen werden. In den 12 Jahren der NS-Diktatur wurden die Konzentrationslager spinnennetzartig auf dem Territorium des Deutschen Reiches und den von ihm okkupierten Gebieten errichtet. Am Ende des Dritten Reiches existierten neben den Stammlagern die ihnen organisatorisch unterstellten Außenlager und Außenkommandos.

Im letzten Kriegsjahr 1945 bestanden mindestens 660 Konzentrationslager, mit mindestens 500.0000 Häftlingen im deutschen Herrschaftsbereich.[3] Die Expansion der Außenlager und Außenkommandos, mit ihren Standorten in Rüstungsbetrieben und Wohnsiedlungen und die dadurch entstandenen Schnittstellen zwischen KZ-System und gesellschaftlicher Umwelt, machten

---

1   Moll, Martin: „Führer-Erlasse" 1939 - 1945: Edition sämtlicher überlieferter, nicht im Reichsgesetzblatt abgedruckter, von Hitler während des Zweiten Weltkrieges schriftlich erteilter Direktiven aus den Bereichen Staat, Partei, Wirtschaft, Besatzungspolitik und Militärverwaltung, Stuttgart 1997, S. 145-146.

2   Benz, Wolfgang: KZ-Außenlager - Geschichte und Erinnerung, in: Dachauer Hefte 15, Dachau 1999, S. 3-16; Buggeln, Marc: KZ-Häftlinge als letzte Arbeitskraftreserve der Bremer Rüstungswirtschaft, in: Arbeiterbewegung und Sozialgeschichte 12, Bremen 2003, S. 19-35; Bindernagel, Franka: Ein KZ in der Nachbarschaft. Das Magdeburger Außenlager der Brabag und der „Freundeskreis Himmler", Köln 2004, S. 170-180.

3   Diese Zahl schließt Stammlager, Außenlager, Außenkommandos ein, siehe Benz, Allgegenwart, S. 3-16; Sofsky, Wolfgang: An der Grenze des Sozialen. Perspektiven der KZ-Forschung, in: Orth, Karin: Die nationalsozialistischen Konzentrationslager, Frankfurt am Main 2002, S. 1143-1144; Orth, Karin: Das System der nationalsozialistischen Konzentrationslager. Eine politische Organisationsgeschichte, Hamburg 1999, S. 192.

das Wegschauen und die „Nicht zur Kenntnisnahme" der Bevölkerung nicht mehr möglich.

Diese Arbeit beschäftigt sich mit dem KZ-Außenlager Genshagen auf dem Werksgelände der Daimler Benz GmbH Genshagen. Bei der Beantwortung der Frage nach der Struktur des Konzentrationslagers stellt sich zwangsläufig die Frage der Wahrnehmung des KZ durch die Belegschaft von Daimler Benz. Die Beantwortung dieser beiden Fragen bildet die Prämisse dieser Arbeit.

Der Beginn der sozialhistorischen Forschung zum Thema der deutschen Konzentrationslager liegt in der Einsetzung eines Intelligence Team der Psychological Warfare Division im April 1945. Dieses Team erstellte einen umfassenden Bericht über die Funktion, Struktur und Geschichte des Konzentrationslagers Buchenwald. Eugen Kogons Buch „Der SS-Staat" basiert auf diesem Buchenwald-Bericht, und es entwirft eine bis heute in weiten Teilen gültige Beschreibung des Systems der Konzentrationslager. Die Qualität dieses Werkes beruht auf der abwägenden, differenzierten und ereignisnahen Analyse durch den Autor.[4] Ein weiterführendes unentbehrliches Handbuch zur Geschichte der Konzentrationslager ist die Arbeit von Martin Broszat.[5] Dem Thema der KZ-Außenlager hat sich die historische Forschung seit Mitte der Achtziger Jahre in intensiver Weise gewidmet.

Rainer Fröbes Arbeit über die KZ-Außenlager in der Rüstungsindustrie beschreibt dessen Struktur und Organisation in differenzierter Weise und kann als qualitativer Beginn der Forschung zu diesem Themengebiet bezeichnet werden. Die Arbeiten von Wolfgang Benz, Barbara Distel und Jens Christian Wagner setzten die Bearbeitung dieses Themas entsprechend fort.[6]

Die Entwicklung der KZ-Außenlager ist eng mit der Zwangsarbeit in der deutschen Rüstungsindustrie verbunden. So ist es nicht verwunderlich, dass die Frage, Primat der Ökonomie oder Primat der Ideologie, die wissenschaftliche Diskussion bis zu den letzten Veröffentlichungen prägt. Das heißt, ob wirtschaftliche Interessen der SS den ideologischen Zweck des KZ-Systems, die Bestrafung und Vernichtung von NS-Feinden, in den Hintergrund drängte.[7] Der Begriff der Ökonomie geht von einer produktiven Erwerbsar-

---

4   Kogon, Eugen: Der SS-Staat, Frankfurt/M 1959.

5   Broszat, Martin: Nationalsozialistische Konzentrationslager 1933-1945., in: Buchheim, Hans: Anatomie des SS-Staates, München 1999.

6   Fröbe, Rainer: Konzentrationslager in Hannover. KZ-Arbeit und Rüstungsindustrie in der Spätphase des Zweiten Weltkriegs, Hildesheim 1985; Wagner, Jens-Christian: Produktion des Todes. Das KZ Mittelbau- Dora, Göttingen 2001; Benz, Allgegenwart;Bindernagel ,Nachbarschaft.

7   Schulte, Jan Erik: Zwangsarbeit und Vernichtung: das Wirtschaftsimperium der SS. Oswald Pohl und das SS-Wirtschafts-Verwaltungshauptamt 1933 - 1945, Paderborn 2001,S. 377- 406; Orth, Konzentrationslager.

beit aus, mit dem Ziel der Produktionssteigerung und des Gewinns. Dies erfordert unter anderem den Erhalt und die Steigerung der Arbeitskraft des Arbeiters, den Schutz der „Kapitalanlage Arbeiter". Die Herausbildung einer solide ausgebildeten und im Interesse des Arbeitgebers produktiv arbeitenden Belegschaft gehört zu einer Säule ökonomischen Handelns. Die Loyalität des Arbeiters und die Bindung an das Unternehmen wurden durch die angemessene Bezahlung, die fachliche Ausbildung und Weiterbildung sowie die menschwürdige Behandlung durch den Arbeitgeber erreicht.[8] Der Arbeiter eines SS-Unternehmens war der KZ-Häftling. Eine Loyalität des KZ-Arbeiters gegenüber seinem Arbeitgeber SS war schon angesichts des Zustandekommens des „Arbeitsverhältnisses" undenkbar. Seit Gründung der KZs diente die Arbeit vor allem der Qual, Erniedrigung und Tötung der KZ-Insassen.

Die unzureichende Ernährung und die katastrophalen hygienischen Bedingungen, unter denen der größte Teil der Häftlinge litt, waren ebenso Bestandteil des Terrors und standen im Widerspruch zu einem ökonomischen Handeln. Die Arbeitskraft des KZ-Arbeiters wurde permanent geschwächt, der Arbeiter letztendlich vernichtet. Betrachtet man zum Beispiel die Arbeit in der KZ-Gärtnerei, so wird deutlich, wie der quälerische Aspekt der Arbeit die Häftlinge in den Selbstmord trieb oder dazu diente einen Anlass zu provozieren, sie zu töten. Die entkräfteten Häftlinge in der KZ-Gärtnerei Buchenwald mussten die für sie zu schweren Düngekübel tragen. Zwangsläufig stürzten sie und wurden von den Wachposten erschlagen. Das Produktionsergebnis rückte in den Hintergrund. Der KZ-Häftling war primär bemüht am Leben zu bleiben. Er musste seine Ressourcen schonen. In allen Arbeitskommandos nutzten daher die unterernährten und ausgemergelten Häftlinge jede Chance nicht produktiv zu sein, um sich zu erholen.[9] Die Arbeitskommandos in der Gärtnerei oder im Steinbruch hatten eine sehr hohe Sterberate. Um in ein Arbeitskommando mit einer größeren Überlebenschance zu gelangen, wie zum Beispiel eine Werkstatt, täuschten KZ-Häftlinge Spezialkenntnisse vor. So arbeitete zum Beispiel eine Dolmetscherin als Dreherin. Eine produktive und qualitative KZ-Arbeit war daher nicht zu erreichen. Die Entstehung der „Kapitalanlage Arbeiter" schloss das KZ-System aus. Diese Tatsache spiegelte sich in der Erfolgsigkeit Oswald Pohls wider, ein SS-Wirtschaftsimperium aufzubauen. Professionelle, wirtschaftliche Produktion in SS-Betrieben wurde durch Anwendung SS-externer Technologie und

---

8   Ökonomie im Sinn von Wirtschaftlichkeit, sparsames Umgehen mit etwas, rationelle Verwendung oder Einsatz von etwas, siehe Duden das Fremdwörterbuchs, Mannheim 1990, S.546;Weiter bei Dorn, Peter: Kapitalanlage Mitarbeiter, in: Training 12/2002.

9   Kogon legt dar, dass, ganze Baubrigaden die Arbeit beendeten, sobald das Aufsichtspersonal verschwand, und wie die Teufel arbeiteten, als es wieder erschien, Kogon, SS-Staat, S.89-102.

Normen erreicht; die Produktion unterstand den Wirtschaftsspezialisten der kooperierenden Privatunternehmen, und es wurden deutsche Facharbeitskräfte eingesetzt.[10] Terror und Vernichtung waren dem KZ systemimmanent. Der Begriff der Ökonomie stand diesem Zustand diametral entgegen. Dieser Widerspruch war nicht aufzulösen.

Zur Beschreibung der Arbeit in den KZs bis zu der Entstehung von Außenlagern ist daher nicht der Begriff der Ökonomie zu verwenden, sondern der Begriff der Auspressung, die unökonomische Auspressung der Arbeitskraft des Häftlings bis zu dessen Tod. Diese Handlungsweise der SS spiegelte sich in der Aussage „Vernichtung durch Arbeit" wider.[11] Ein Häftling im Konzentrationslager Genshagen antwortete auf die Frage nach den Arbeitsbedingungen: "Zu den kann man jemanden fragen, der über die Arbeitsvermittlung dorthin kam, aber wir waren ja Häftlinge..."[12]

Nachdem das Vorhaben Himmlers und Pohls gescheitert war, die deutschen Rüstungsbetriebe in das KZ-System einzugliedern, wurde die SS eine Art Verleihorganisation von Arbeitskräften. Das KZ-System in Form der Außenlager wurde in die freie Wirtschaft exportiert,[13] das KZ in die Werksstruktur integriert. Die Einnahme der Verleihgebühr für die KZ-Häftlinge wurde für die SS ein lukratives Geschäft. Zur Steigerung der Einnahmen inhaftierte die SS immer mehr Menschen und brachte sie ins Konzentrationslager.[14] Inwiefern der verstärkte Einsatz von KZ-Häftlingen in der Privatindustrie und die damit verbundene Entstehung von Außenlagern einen humanisierenden Einfluss auf das KZ-System nahm, zu einer Abmilderung des Terrors führte, ist in der Forschung nicht eindeutig geklärt. Tendenziell führte die Öffnung des KZ-Systems gegenüber KZ-externen Einflüssen nicht zu einer Verdrängung des Terrors und der Vernichtung der KZ-Häftlinge, wie zum Beispiel an den Todeszahlen der Häftlinge in den Steinbrüchen des Außenlagers Neckarelz zu sehen ist. Nicht ohne Grund hatte das Außenlager für die Häftlinge in den Stammlagern den Charakter eines Straflagers, in das unerwünschte, neue und schwache Häftlinge transportiert wurden.[15]

Das KZ-System nahm offenbar Einfluss auf das wirtschaftliche Umfeld und ließ in vielen Fällen die Belegschaft zu Trägern des Terrors und der Vernich-

---

10   Schulte, Vernichtung, S. 197-238.
11   Kaienburg, Hermann: Die Wirtschaft der SS, Berlin 2003.
12   Dietrich, Martina: Zwangsarbeit in Genshagen. Dokumentierte Erinnerungen Betroffener, Potsdam 1996, S. 95.
13S chulte, Vernichtung, S. 379-406.
14   Schulte, Vernichtung, S. 388-389.
15   Kogon, SS-Staat, S.269-279.

tung werden.¹⁶ In dieser Arbeit soll die Frage beantwortet werden, wie das KZ-System und das wirtschaftliche Umfeld der Daimler Benz GmbH Genshagen einander beeinflussten. Von ökonomischem Handeln kann angesichts der Arbeitsverhältnisse in den Konzentrationslagern bis zum Einsatz der Häftlinge in der Kriegsproduktion nicht die Rede sein.

Es stellt sich daher die Frage, ob die Arbeit im Außenlager Genshagen mit dem Begriff der Ökonomie beschrieben werden kann. Welche Erwartungen hatte die Daimler Benz GmbH Genshagen bezüglich des Einsatzes der Häftlinge? Konnten die durch die KZ-Arbeit produzierten Güter qualitativ und quantitativ überzeugen? Welchen Wert hatte die Arbeitskraft der Häftlinge für das Unternehmen?

Die Geschichtswissenschaft der DDR basierte auf der Geschichtstheorie des historischen Materialismus. Trotz diesem dogmatischen Hintergrund wurden einige bis heute relevante Darstellungen zur Wirtschaftspolitik und Zwangsarbeiterpolitik des Dritten Reiches geliefert.¹⁷ Eine Veröffentlichung, die sich direkt mit dem Daimler-Benz Werk beschäftigt, ist die Arbeit von Gerhard Birk. Das regionalgeschichtliche Thema der Arbeit lässt die historisch-materialistische Geschichtsauffassung des Autors in den Hintergrund treten, und die Arbeit gibt mehrere informative Ansatzpunkte für die weitere Recherche.¹⁸

Die Geschichtsschreibung der BRD über die Zwangsarbeit bei der Daimler Benz AG kann als Politikum bezeichnet werden. Sie muss im Kontext der Entschädigungsforderungen von ehemaligen Zwangsarbeitern an deutsche Unternehmen gesehen werden.

Bis Anfang der achtziger Jahre war dieses Thema für die beteiligten Unternehmen ein moralisches und besonders finanzielles Problem, weshalb die Auseinandersetzung mit diesem Thema vermieden wurde. 1986 veröffentlichte Hans Pohl eine Dokumentation über die Daimler Benz AG von 1933-1945. Diese durch die Daimler Benz AG finanzierte Veröffentlichung der Zeitschrift für Unternehmensgeschichte erwähnte erstmals den Einsatz von KZ-Häftlingen, nachdem die Unternehmensführung noch 1969 dem Vorsitzenden des Auschwitz-Komitees, Hermann Langbein, mitgeteilt hatte, es ha-

---

16 Fröbe, Rainer: „Wie bei den alten Ägyptern." Die Verlegung des Daimler-Benz-Flugmotorenwerkes Genshagen nach Obrigheim am Neckar 1944/45 ,in: Barth, Peter: Das Daimler-Benz-Buch: Ein Rüstungskonzern im „Tausendjährigen Reich", Nördlingen 1988.,S.408. ;Sofsky, Perspektive, S. 1147.

17 Eichholtz, Dietrich: Geschichte der deutschen Kriegswirtschaft 1939 - 1945, Berlin 1971.

18 Birk, Gerhard: Ein düsteres Kapitel Ludwigsfelder Geschichte: 1936 - 1945. Entstehung und Untergang der Daimler-Benz-Flugzeugmotorenwerke Genshagen/Ludwigsfelde, Ludwigsfelde 1986.

ben keine KZ-Häftlinge für die Daimler Benz AG gearbeitet.[19] Die Zusammenarbeit der Daimler Benz AG und dem NS-Regime wurde in dieser Veröffentlichung relativiert. Sie ging demnach nicht „über das Unumgängliche hinaus".[20] Etwa zeitgleich erfolgte eine Herausgabe des Hamburger Instituts für Sozialgeschichte zur Geschichte der Daimler Benz AG im „Tausendjährigen Reich".[21] Diese Arbeit konnte allseitig die auf Eigeninitiative beruhenden Verstrickungen der Daimler Benz-Führung in NS-Verbrechen darlegen. Trotz der Weigerung der Daimler Benz AG, den Wissenschaftlern das Unternehmensarchiv zur Verfügung zu stellen, gelang es in dieser Veröffentlichung, den Einsatz von Zwangsarbeitern und KZ-Häftlingen in der Produktion abwägend und differenziert zu beschreiben. Nachdem neue Quellenbestände zugänglich sind, sind jedoch einige Korrekturen notwendig.[22] Den Wert der Arbeit mindern sie nicht. Im Zusammenhang mit dieser Studie erfolgte die Veröffentlichung einer Dokumentation der Hamburger Stiftung mit Schlüsseldokumenten der Konzerngeschichte von 1916-1948.[23]

Die Daimler Benz AG entschloss sich nach der Veröffentlichung des „Daimler-Benz-Buches" des Hamburger Instituts für Sozialgeschichte, zur Finanzierung einer Untersuchung von Historikern über die Zwangsarbeit im Unternehmen. In dieser Arbeit gibt es zwei ausführliche Kapitel über den Einsatz von KZ-Häftlingen, darunter auch im Werk Genshagen.[24] Der Beitrag von Birgit Weitz über das Außenlager Genshagen, bezugnehmend auf Struktur und Organisation, ist vage und ungenau. Wer die Initiative zum Einsatz der KZ-Häftlinge ergriff, wird nicht geklärt. Es bleibt weiterhin offen, wie der Einsatz der KZ-Häftlinge organisiert wurde. Weder werden Verhandlungstreffen der beteiligten Personen und bestehende Verträge zwischen Werk und SS genannt, noch wird auf den organisatorischen Ablauf des KZ-Betriebs sowie auf die tägliche Zusammenarbeit zwischen SS und Werksbelegschaft eingegangen. Namen der Wachkommandos und Aufseherinnen werden falsch angeben, obwohl der Autorin diese bekannt waren. Sie versucht dieser Kritik zu entgehen, in dem sie auf fehlende Quellen verweist und ihre Arbeit hauptsächlich auf die Auswertung der Interviews von ehemaligen KZ-Häftlingen stützt. So stellt Frau Weitz oft nur Vermutungen an,

---

19 Pohl, Hans: Die Daimler-Benz-AG in den Jahren 1933 bis 1945. Eine Dokumentation, Stuttgart 1986; Scheer, Regina: Die Schande - Daimler und die Zwangsarbeit, URL: http://www.brsd.de/archiv/CuS_Archiv/CuS_12_1999/Daimler_und_die_Zwangsarbeit/daimler_und_die_zwangsarbeit.html, Stand 21.10.2004.

20 Fröbe, Ägypter, S.399-400.

21 Barth, Rüstungskonzern.

22 Die Korrekturen betreffen organisatorische und administrative Aspekte des KZ-Häftlingseinsatz in Genshagen.

23 Roth, Karl H:: Die Daimler-Benz-AG 1916 - 1948. Schlüsseldokumente zur Konzerngeschichte, Nördlingen 1987.

24 Hopmann, Barbara: Zwangsarbeit bei Daimler-Benz ,Stuttgart 1994.

ohne Zusammenhänge und wichtige Fragen zu klären. Des Weiteren gibt Weitz Zeugenaussagen falsch wieder.[25] Die Interviews, im Sinne der *Oral History* wurden 40 Jahre nach den Ereignissen geführt.

Im Zusammenhang mit der Quellengattung der Zeitzeugenaussage stellen sich jedoch einige methodische Fragen: Inwiefern sind Zeugenaussagen, die in vielen Fällen erst Jahre nach den Ereignissen getätigt wurden, für den Historiker verwendbar? Als erstes Kriterium sollte der Zeitpunkt der Aussage betrachtet werden. Mit zunehmendem Zeitabstand zum Ereignis verlieren Zeugenaussagen ihren Wert, wenn die Fragestellung sich auf die Rekonstruktion des wahren Ereignisablaufs sowie auf das Bewusstsein des Zeugen zum Zeitpunkt des Ereignisses bezieht. Die Erinnerung eines Zeugen wird zum Zeitpunkt der Abfrage neu konstruiert.

Durch den zeitlichen Abstand, das heißt durch neue Informationen, die der Zeuge durch andere Quellen wie Bücher, Zeitungsberichte, Aussagen von Handlungsbeteiligten, Filme oder Träume in sein Gedächtnis aufnimmt, wandelt sich die Erinnerung. Die neuen Informationen verschmelzen mit den ursprünglichen Informationen über das Ereignis zu neuen Erinnerungen, ohne dass dem Zeugen das bewusst wird. Diese Verfälschung beginnt mit dem Eintreten des Ereignisses und hält permanent an. In manchen Fällen können Tatvorgänge, an denen der Zeuge beteiligt war, völlig aus der Erinnerung verschwinden und durch einen anderen, neukonstruierten Tatvorgang ersetzt werden. Des Weiteren wandelt sich durch gesellschaftliche Einflüsse, wie Politik, Kultur und soziale Stellung sowie persönliche Erlebnisse das Bewusstsein des Zeugen. Seine Perspektive auf die Erinnerungen ändert sich. Das kann zu bewussten oder unbewussten Erinnerungsverschiebungen führen. Zum Beispiel werden begangene Straftaten vergessen oder in ihrer Schärfe abgemildert. Mit der Zeit verblassen negative Erlebnisse und werden in der Erinnerung positiver empfunden. Kompromittierende Handlungen von Zeugen werden politisch umgedeutet bzw. verdrängt. Ein weiteres Kriterium ist die Art der Befragung. Bei einer Zeugenaussage vor Gericht muss bedacht werden, ob bei einem verhandelten Verbrechen die Aussage aus der Täterperspektive oder der Opferperspektive erfolgt. Die Täter werden in vielen Fällen aus Verteidigungsgründen dazu veranlasst, ihre Aussage zu verfälschen. Das Kriterium der Persönlichkeitsstruktur des Zeugen muss ebenfalls in die Bewertung der Aussage mit einfließen.[26] Zeugenaussagen sind für den Historiker trotz dieser Einschränkungen ein unerlässliches Quellenmaterial. Sie bilden eine Orientierungshilfe. Der Historiker muss sich daher die auf die Erinnerung wirkenden Einflüsse bewusst machen und den

---

25 Wirtz verwechselt zum Beispiel den Funktionshäftling Emmy mit einer mit SS-Aufseherinnen., Hopmann; Zwangsarbeit, S. 389.

26 Nuber, Ursula: Der Mythos vom frühen Trauma, Frankfurt am Main 1995. S. 104-120.

Wahrheitsgehalt der Aussage nach den benannten Kriterien abwägend und differenziert überprüfen.

Diese Arbeit stellt die Struktur und die Organisation des Außenlagers Genshagen sowie die in diesem Zusammenhang handelnden Personen dar. Dazu gehört eine kurze Entwicklungsgeschichte der Daimler Benz GmbH Genshagen. Folgend wird auf die Problematik des Arbeitskräftemangels im Dritten Reich eingegangen, der zum Einsatz von KZ-Häftlingen in der Rüstungsindustrie führte. In diesem Zusammenhang erfolgt eine begriffliche Erklärung der KZ-Typen Außenlager und Außenkommando. Die geschichtliche Darstellung der Struktur und Organisation des KZ Genshagen beinhaltet eine soziostrukturelle Analyse über die Tätergruppe, das Wachkommando und die Gruppe der Aufseherinnen. Die aufgeführten Punkte können unter dem Begriff der Makrogeschichte zusammengefasst werden, die Strukturen, kollektive Mechanismen und langfristige Entwicklungsprozesse berücksichtigt. Sie bilden jedoch nur die „halbe Wahrheit" der Geschichte. Ebenso wichtig sind auch die Fragen nach mikrogeschichtlichen Aspekten, die eine differenzierte Betrachtung der vielfältigen Sichtweisen, Einstellungen und Handlungsmotive der einzelnen Personen erfordern.[27] Die Beantwortung dieser Fragen begründet sich auf ereignisnahe, persönliche Aussagen, Tagebücher, Briefe, Postkarten der betreffenden Personen vor und während der NS-Zeit. Ereignisnahe Aussagen der Personen sind aus den bereits angeführten methodischen Problemen von höchstem Wert, jedoch nur splitterweise in den Quellen zu finden. Relativ ereignisnahe Zeugenberichte der Opfer und Täter vor Gericht sind in den Aussagen der Schiedsspruchverfahren der Gerichte in den ersten Nachkriegsjahren zu finden. Es besteht der Nachteil, dass diesen Aussagen juristische Fragestellungen zu Grunde liegen und die Verteidiger- bzw. Opferperspektive der Zeugen von besonderer Bedeutung ist. Vernehmungssausagen und Interviews, die erst Jahrzehnte nach dem Ereignis durchgeführt wurden, sind abwägend zu betrachten. Wegen der problematischen Quellenlage können daher nur sehr eingeschränkt geltende Antworten gegeben werden.

Die Frage nach der Wahrnehmung von KZ-Zwangsarbeit betrifft makro- bzw. mikrogeschichtliche Aspekte.[28] So muss gefragt werden, wie die KZ-Arbeit in den strukturenbildenden Institutionen des NS-Regimes gesehen wurde, wie die Wirtschafts- und Terrorpolitik im NS-Regime die KZ-Arbeit steuerte. Weiter interessieren die Handlungen der Genshagener Betriebsfüh-

---

27 Jäger, Herbert: Verbrechen unter totalitärer Herrschaft .Studien zur nationalsozialistischen Gewaltkriminalität, Frankfurt a.M. 1982, S. 380-389; Sofsky, Perspektive, S. 1149-1154.

28 Der Autor vertritt einen komplementären Ansatz von Makro- und Mikrogeschichte, Schlumbohm, Jürgen: Mikrogeschichte - Makrogeschichte . Komplementär oder inkommensurabel?, Göttingen 1998.

rung. Wie wurde die KZ-Arbeit im Produktionsprozess integriert? Welche Institutionen regelten den KZ-Betrieb. Wie war die Aufgabenverteilung zwischen der SS und der Daimler Benz GmbH Genshagen? Institutionalisierten sich Schnittstellen zwischen dem KZ-System und Daimler Benz GmbH Genshagen? Ebenso stellt sich die Frage, wie die SS und die deutsche Belegschaft den Einsatz von KZ-Häftlingen am Arbeitsplatz wahrnahmen und umgekehrt. Welche Einstellungen und Handlungsmotive lagen den betreffenden Personen zu Grunde?

Bei der Archivrecherche zu Informationen über das Außenlager Genshagen wurde daher nach zwei Aspekten geforscht. Der erste Aspekt betrifft die makrogeschichtliche Ebene. Darunter fallen die Quellen, die die Wirtschafts- und Terrorpolitik des Dritten Reiches auf ministerieller und gleichwertiger Ebene dokumentieren. Dazu gehören die Bestände des Reichsministeriums für Rüstung und Kriegsproduktion (R3), des SS-Wirtschafts-Verwaltungshauptamtes (NS), des Reichssicherheitshauptamtes (R58) und der Konzentrationslager (NS4) im Bundesarchiv und in Publikationen des Bundesarchivs. Weiter von Bedeutung sind Splitterbestände in den Gedenkstätten Sachsenhausen und Ravensbrück sowie die Bestände im Unternehmensarchiv Daimler Benz AG in Untertürkheim. Die Akten der Verwaltung der Konzentrationslager wurden größtenteils am Ende des Krieges durch die SS vernichtet. Daher sind die Bestände der Gedenkstätten Sachsenhausen und Ravensbrück vor allem durch Sammlungen nach dem Krieg entstanden. Die wichtigsten Bestandteile dieser Archive sind die schriftlich festgehaltenen Aussagen von ehemaligen KZ-Häftlingen.

Ebenso konnten wichtige Dokumente während der NS-Herrschaft durch die Widerstandsgruppen innerhalb der KZ für die Nachwelt gesichert werden. Für die sozialstrukturelle Studie sind die Personalakten der SS im ehemaligen Berlin Document Center (BDC) im Bundesarchiv relevant. Weiterhin bilden die Untersuchungsakten der ermittelnden westdeutschen Staatsanwaltschaften eine wichtige Quelle. Diese lagern in der Zentralen Stelle der Landesjustizverwaltungen in Ludwigsburg (ZStL). Die Akten der in NS-Sachen ermittelnden ostdeutschen Justiz lagern in den Beständen des Ministeriums des Innern (DO1) sowie der Generalstaatsanwaltschaft der DDR (DP3) im Bundesarchiv. Aus der mikrogeschichtlichen Perspektive sind die Personalakten der SS im BDC sowie die Aussagen der Häftlinge relevant. Im Bestand des BDC finden sich Splitter persönlicher Aussagen, Lebensläufe, dienstliche und private Briefe, Zeugenaussagen zu Straftaten während der SS-Mitgliedschaft oder andere zufällig überlieferte persönliche Quellen. Des Weiteren existiert ein Personalaktenbestand der Daimler Benz GmbH in Genshagen im Brandenburgischen Landesarchiv (RP75), aus dem sich die Reflektion der Wahrnehmung der KZ-Arbeit im Werk der deutschen Belegschaft ableiten lässt. Auch liegt ein Bestand von Interviews mit ehemaligen Zwangsarbeitern darunter KZ-Häftlingen im Unternehmensarchiv der Daimler Benz AG sowie in Publikationen vor.[29]

---

29   Dietrich, Zwangsarbeit.

2. Eine wehrwichtige Anlage

Bei der Internationalen Automobil- und Motorradausstellung 1933 verwies Hitler in seiner Eröffnungsrede auf die wirtschaftlich positive Perspektive, die seine Politik den deutschen Automobilkonzernen bot. Die Kraftfahrzeugproduktion war für Hitler die wichtigste Zukunftsindustrie. Die Unternehmer der deutschen Automobilkonzerne nahmen diese Aussagen wohlwollend zur Kenntnis.

Das NS-Regime stieg in ihrer Gunst.[30] Neben der Ausweitung des Privatkonsums an Kraftfahrzeugen, spielte die Motorisierung der Streitkräfte eine wirtschaftliche Rolle. In den enormen Rüstungsanstrengungen der deutschen Industrie, sollte Daimler Benz eine Schlüsselrolle einnehmen. Die Flugmotorenfertigung wurde zu einem Kernbereich der Investitionen. Hitler, ein Verächter der staatlichen Bürokratie, versuchte die staatlich institutionalisierten Entscheidungsprozesse durch Gründung von nur auf Zielerreichung orientierten Gremien zu forcieren. So entstand neben den Ministerien eine Reihe von konkurrierenden nichtstaatlichen Entscheidungszentren mit Sondervollmachten des Führers. Daneben existierten eine weitere Anzahl von Machtzentren, wie die SS oder andere NS-Organisationen, die sich aus machtpolitischen oder organisationsgenuinen Gründen für ein Arbeitsgebiet interessieren konnten. Für den Einsatz von Arbeitskräften im Reich fühlten sich zum Beispiel neben dem Reichsarbeitsministerium das Arbeitsamt, die DAF, das RmRuK, die SS und der vom „Führer" ernannte Generalbevollmächtigte für den Arbeitseinsatz zuständig. In diesen Organisationen und Gremien waren Menschen tätig, die glaubten, im Sinne des Führers zu handeln. Sie arbeiteten ohne Koordination „dem Führer entgegen." Der Führergedanke wirkte auf diese Gruppen als einigendes Band.[31] Das führte zu einem Kompetenzgerangel der einzelnen Machtzentren um die Einflussgewinnung auf die knappen Ressourcen, mit dem daraus resultierenden sozialdarwinistischen Effekt. Diese polykratische Organisationsstruktur des Nationalsozialismus entwickelte eine Dynamik, die unter anderem zu einer enormen Leistungssteigerung der deutschen Rüstungsindustrie führte. Bis zum Scheitern der Blitzkriegsstrategie zeugte die deutsche Kriegswirtschaft wegen ihrer Flexibilität von hoher Zweckmäßigkeit.[32]

---

30 Kershaw, Ian: Hitler 1889-1936, 1. Band, Stuttgart 1998, S.571-573.

31 Kershaw, Hitler 1889; Pesch, Martin: Struktur und Funktionsweise der Kriegswirtschaft in Deutschland ab 1942. Unter besonderer Berücksichtigung des organisatorischen und produktionswirtschaftlichen Wandels in der Fahrzeugindustrie, Köln 1988, S. 39-45.

32 Pesch, Kriegswirtschaft, S. 44-45;Broszat, Martin: Grundzüge der gesellschaftlichen Verfassung des Dritten Reiches, in: Herrmann, Ulrich: „Die Formung des Volksgenossen". Der „Erziehungsstaat" des Dritten Reiches, Basel 1985, S. 25-39.

Am 4.4.1933 wurde der Reichsverteidigungsrat, der nach seiner Konstitution jedoch nur noch selten zusammentrat, gegründet. Als ständiges Gremium funktionierte der Reichsverteidigungsausschuss. Dieser gab die ersten Richtlinien für die zukünftige deutsche Flugmotorenproduktion heraus. In einem Bericht des Daimler Benz AG-Prokuristen, Wilhelm von Viehbahn, über die Verhandlungen mit dem Reichsverteidigungsrat, war noch von einem Zukunftsprojekt für eine Großmotorenfabrik unter maßgeblicher Beteiligung der Firma Daimler Benz die Rede. Der geographische Standort dieser Fabrik stand noch nicht fest. In den ersten Zeilen des Berichts verwies Viehbahn darauf, dass aus militärgeographischer Perspektive als Standort neuer kriegswichtiger Industriewerke nur der geschütztere innerdeutsche Raum in Frage kam.[33] 1935 wurden konkrete Vereinbarungen zwischen der Daimler Benz AG und dem Reichsluftfahrtministerium (RLM) getroffen; es wurde die Gründung der Daimler-Benz Motoren Genshagen GmbH beschlossen. Die Rechtsform der GmbH erlaubte es, die kriegswichtige Funktion des Werkes gegenüber dem Ausland zu verschleiern.[34] Das Gesamtkapital der Daimler Benz Motoren GmbH belief sich auf 20 Millionen Reichsmark. Der Staat, vertreten durch die Luftfahrtkontor GmbH, verfügte 1939 über einen Anteil von 19 Millionen RM, die Daimler Benz-Motoren GmbH über 1 Million RM. Im Oktober 1940 übernahm die Daimler Benz AG den Reichsanteil für 23,5 Millionen Reichsmark.[35] Am 24.1.1936 kam es zur Gründungssitzung unter Leitung von Generalmajor Kesselring.[36]

Kesselring war in seiner Funktion als Verwaltungschef (Abteilung D) im Reichsluftfahrtministerium unter anderem für die Kontrolle und Finanzierung der Flugzeugproduktion zuständig. Seine Managementfähigkeiten und seine joviale Art verhalfen ihm zu guten Beziehungen zu der deutschen Industrie.[37] Die Daimler Benz GmbH erwarb 1936 ein 375 Hektar großes Grundstück in der Gemarkung Genshagen, in der Nähe der Gemeinde Ludwigsfelde im Kreis Teltow. Es stellt sich in diesem Zusammenhang die Frage nach den Standortvorteilen. Zum einen bestanden ökonomische und strukturelle Vorteile. Das Reich stellte den größten Teil des Gründungkapitals und übernahm die Baukosten. Der Baugrund in der Genshagener Heide war billig. Der Standort hatte eine verkehrsgünstige Lage. Es bestand in der Nähe

---

33 Kissel VIII,5 Streng vertraulicher Bericht des Prokuristen Wilhelm von Viebahn für den Vorstand der Daimler Benz AG über Vereinbarungen mit dem RLM zur Aufnahme der Flugmotorenproduktion und zur Projektierung eines Spezialmotorenwerkes, 2. August 1934, in: Roth, Schlüsseldokumente, S. 219-223.

34 Das Bilanzrecht erlaubte Nichtnennung von Zusammensetzung des Beirates und Nichtveröffentlichung der Bilanzen , Fröbe, Ägypter, S. 393.

35 Roth, Schlüsseldokumente, S. 219-223.

36 Birk, Genshagen, S.6; Pohl, Daimler, S.80.

37 Kraukämmer, Elmar: Generalfeldmarschall Albert Kesselring, in: Ueberschär, Gerd R.: Hitlers militärische Elite, Darmstadt 1998, S. 121-122.

eine Reichsbahnverbindung sowie der noch im Bau befindliche Autobahnringabschnitt Michendorf, Königswusterhausen. Der kleine Ort Ludwigsfelde bot gute Entwicklungsmöglichkeiten zur Werksstadt, die Errichtung von Werkswohnungen und die Ansiedlung von Arbeitern. Zum anderen bestanden luftkriegsstrategische Vorteile. Die negativen Erfahrungen mit den Bombardierungen der Entente aus dem Ersten Weltkrieg auf Industriebetriebe in der Nähe der Deutschen Reichsgrenze hatten Einfluss auf den Standort und die Werkstruktur kriegswichtiger Betriebe. Der Standort Genshagen lag im geschützten innerdeutschen Raum. Nach Überlegungen des RLM konnte der innerdeutsche Raum am effektivsten durch Abfangjäger und moderne bodengestützte Flugabwehrtechnologie vor feindlichen Bombern geschützt werden. Militärische Aspekte der feindlichen Luftaufklärung und eventuelle Fliegerangriffe flossen in den Werksbau mit ein. Die relativ unbesiedelte Wald- und Heidelandschaft bot ideale Tarnmöglichkeiten. Die geographischen Gegebenheiten wurden für eine stark aufgelockerte Bauweise genutzt. Die Dächer der großen Werkshallen wurden mit Tarnnetzen bespannt. Die Höhe der Gebäude durfte die Höhe des Waldbestandes nicht überragen. Aus der Luftperspektive war das Werk schwer zu erkennen.

Es bildete eine großflächige Anlage mit unbebautem Zentrum. Des Weiteren wurden Bunker angelegt. Das Werk Genshagen galt als „wehrwichtige Anlage" und als „Luftschutzort" 1. Ordnung mit erhöhtem Schutz der Wehrmacht.[38] Zu Beginn der Bauarbeiten, im Frühjahr 1936, hatte die kleine und idyllische Gemeinde Ludwigsfelde 350 Einwohner. In den folgenden Monaten wandelte sich die Genshagener Heide zu einer riesigen Baustelle. Die Baukosten trug hauptsächlich das RLM. Tausende Arbeiter errichteten mit Unterstützung neuster Bautechnologie das modernste Flugmotorenwerk Europas. Parallel dazu wurde die Verwaltung und Organisation für das zukünftige Werk konzipiert. Das Tayler-Modell fand Berücksichtigung in der Betriebsorganisation. Das Werk wurde mit den modernsten Werkzeugmaschinen ausgestattet und arbeitete nach den neuesten Fertigungstechnologien. Es wurde ein werkseigener Reichsbahnanschluss mit dazugehörigem Bahnhof errichtet, es entstanden Fabrik- und Anschlussstraßen zum Autobahnnetz. Das Werk besaß eigene Tanklager sowie eine Wasser- und Elektrizitätsversorgung, die durch ein eigenes Wasserkraftwerk gewährleistet wurde. Es wurden ein eigener Werkschutz, eine Werksfeuerwehr sowie ein Luftschutz aufgebaut. Großzügige Sozialleistungen sollten die deutschen Facharbeiter nach Genshagen locken. Die ärztliche Versorgung unterstand einem Betriebsarzt mit Sanitätspersonal und Krankenstation. Für die Kinderbetreuung wurde ein Betriebskindergarten errichtet. Sporteinrichtungen, wie ein Fußballplatz und Betriebssportgruppen, bestanden für die Freizeitaktivitäten. Das Unternehmen organisierte Kulturveranstaltungen für die Belegschaft, es

---

38   BLAH: RP 75/85 ; Birk, Genshagen, S. 6-7; Fröbe, Ägypter, S.393.

wurde eine Hymne für das Genshagener Werk komponiert und auf Tonträger gepresst. Die Wirtschaftsbetriebe garantierten die Werksverpflegung mit preiswerten warmen Speisen und Getränken. Um den „Gefolgschaftsleuten" aus dem Baden-Württemberger Raum eine heimatliche Atmosphäre zu schaffen, wurde eine Schwarzwaldstube eingerichtet.[39] Bis 1940 entstanden insgesamt 100 Fabrikgebäude, in Ludwigsfelde eine Werksiedlung mit 436 Häusern. Darunter befanden sich kleine Eigenheime mit Grundstück, die die Gefolgschaftsleute für 35 RM monatlicher Kreditrate erwerben konnten.[40] Wohnungen für Gefolgschaftsleute waren mit eigenem Bad ausgestattet, zu der damaligen Zeit ein Luxus. Das Wohnungsproblem wurde jedoch nicht gelöst. Im Frühjahr 1944, kurz vor den Werksverlagerungen, arbeiteten in Genshagener Werk 17000 Arbeiter, einschließlich Zwangsarbeiter. Der größte Teil der Belegschaft pendelte täglich mit Werkssonderzügen von Lichterfelde Ost und Luckenwalde. Bis zum Ende des Krieges blieb das Werk daher vom öffentlichen Verkehrnetz abhängig.[41] Die effektive Produktion, die sozialen Vorzüge und die enge Verbindung der Daimler Benz GmbH Genshagen zum NS-Regime dokumentieren die zahlreichen Auszeichnungen des Werkes. Es nahm am „Leistungskampf der deutschen Betriebe" unter der Parole „Schönheit und Arbeit" teil, 1938 wurde ihm das „Gaudiplom" verliehen und 1939 erfolgte die Ernennung zum „Nationalsozialistischen Musterbetrieb". Die Werksführung war stolz auf ihre „hellen Werkstätten", das firmeneigene „Berufserziehungswerk", die „vorbildlichen Werkssiedlungen" und die exzellente Rundumversorgung. Diese sozialpolitische Struktur des Werkes hatte ebenso einen ideologischen und somit im Sinne des Regimes disziplinierenden Effekt auf die Belegschaft.[42] In Genshagen wurden die Flugzeugmotoren vom Typ DB 600, DB 601 S/F und ab 1941 der Motor DB 605 produziert. Der DB 605 galt als Meisterstück deutscher Ingenieurskunst. Der Motor war ein Reihenmotor mit zwei hängenden, in A-Form unter 60 Grad zueinander geneigten Zylinderblöcken, die je sechs Zylinder aufwiesen. Er hatte 36 Liter Hubraum mit maximal 1500 PS. Der Motor arbeitete im Viertakt mit Einspritzpumpe. Im betriebsfertigen Zustand wog er 700 Kilogramm.

Es gab mehrere internationale Lizenzverträge für die Produktion dieses Motorentyps, so zum Beispiel mit den Königlichen Ungarischen Honved Wer-

---

39   Leiter der Wirtschafsbetriebe war Walter Portner, NSDAP-Mitglied und SA Mitglied seit 1931, in der Weimarer Republik Schutzpolizist, von 1934-1936 NSV-Kreisleiter in Spremberg und Schwarze Pumpe , 1936 wegen ungebührlichen Verhaltens aus der NSDAP und SA entlassen, 1943 wieder als Hauptsturmführer der SA eingesetzt. 1945 durch Sowjets interniert. BA: BDC, NSDAP,SA, OGP Walter Portner, BLAH: RP 75/101

40   35 RM betrugen ein Viertel des Durchschnittlohnes. Ein vergleichsweise günstiger Kredit.

41   BLAH: RP 75 /85.

42   Leistungsbericht 1940 Roth, Schlüsseldokumente, S. 238-239; Fröbe, Ägypter, S. 397.

ken.[43] An der Endmontage dieses Motortyps waren ab Oktober 1944 die KZ-Zwangsarbeiter beteiligt.[44] Die in Genshagen gefertigten Flugmotoren wurden für die Messerschmidt-Jagdflugzeuge Me 110 und Me 109 montiert. Die Motoren fanden ebenso Verwendung in den viermotorigen Heinkelbomber He111 und Dornier-Bomber Do215. Dem ständig steigenden Bedarf an Flugmotoren durch die deutsche Luftwaffe lag der gigantische Investitionsplan der Daimler Benz AG von 200 Millionen Reichsmark im Dezember 1941 zu Grunde. Mit diesen Geldern sollte unter anderem das Werk Genshagen weiter ausgebaut werden, um die Produktionskapazität an Motoren wesentlich zu steigern. Dafür wurden zwei sich ergänzende Programme durch das RLM erstellt. Das Programm „15940" vom 15. September 1940 legte den Ausbau der Produktionskapazität auf 800 Motoren monatlich vor. Mitte 1942 sah ein zweites Programm, das so genannte „Elch-Programm", später „Hermann-Göring-Programm" eine Steigerung auf monatlich 1200 Motoren vor. Im Rahmen von „15940" wurde eine Investitionssumme von mindestens 49 Millionen RM veranschlagt. Herzstück dieses Investitionsprogramms war der Bau einer großen Montagehalle für die Endmontage der Motoren, die Halle 24, die so genannte „Deutschlandhalle". Dieser Bau kostete ca. 5,55 Millionen Reichsmark.[45] In dieser Halle bestand ab Oktober 1944 das Außenlager Genshagen. Der Bau von Flugmotoren wurde für Daimler Benz zu einem gewinnbringenden Geschäft. Der Umsatz im Flugmotorensektor betrug 1944 300 Millionen Reichsmark. Er bildete ein Drittel des Gesamtumsatzes der Daimler Benz AG.[46]

Das Werk Genshagen, mit dem größten Produktionsausstoß von Flugmotoren in der Daimler Benz AG, galt als das „wichtigste Werk der Daimler Benz AG, das in der festen Hand des Herrn Müller bleiben müsse."[47]

Betriebsführer und Mitglied der Geschäftsleitung der Daimler Benz GmbH Genshagen war Karl Christian Müller. Müller wurde am 25. Juni 1886 in Heidenheim geboren. Der Maschinenschlosser studierte an der TH Stuttgart Maschinenbau. Von 1926 bis 1930 war er in der Automobilfabrik Horch in Zwickau in leitender Position tätig. 1930 wurde er Betriebsleiter des Daimler Benz GmbH in Gaggenau, 1935 Vorstandsmitglied der Daimler Benz AG. Mit Baubeginn in Genshagen war er dort als Betriebsführer tätig.[48] Müller trat am 1.5.1933 in die NSDAP ein. Er war Mitglied in der DAF, NSFK, NSV, RLB

---

43 BA: R3 /3163 Lizensvertrag zwischen der königl. Ungarischen Honved und der Daimler Benz AG, Stuttgart-Untertürkheim 5.7.1943.
44 R 8119F/P3323.
45 Protokoll der Beiratssitzung der Daimler Benz GmbH vom 4.12.1942, R8119F/P3319.
46 Fröbe, Ägypter, S.393.
47 R 8119F/P3319.
48 Fröbe, Ägypter, S.462.

und seit 1937 Wehrwirtschaftsführer. Er besaß eine hohe technokratische Intelligenz und galt seit seinen Studienreisen in die USA als Spezialist für die Serienfertigung im Maschinenbau.[49] Die Frage, ob es sich bei Müller um einen überzeugten Nationalsozialisten, Opportunisten oder politisch Indifferenten handelte, ist nicht eindeutig zu klären. Es wird aber deutlich, dass er durch die Mitwirkung in entscheidender Position die Ziele der NS-Rüstungspolitik zum wirtschaftlichen Vorteil der Daimler Benz AG umsetzte. Dabei verstrickte sich Müller tief in die verbrecherische Politik des NS-Regimes, unter anderem durch die führende Beteiligung an der Organisation des Zwangsarbeitereinsatzes von KZ-Häftlingen in der Daimler Benz AG.

Im polykratischen Ämterdschungel des Dritten Reiches konnte Müller entscheidende Stellungen einnehmen. Mit der Übernahme des Munitionsministeriums durch Albert Speer begann die Koordinierung der deutschen Rüstungsindustrie durch eine Institution.[50] Speer zentralisierte die Fertigungsorganisation, indem er sämtliche Rüstungsaufträge der Wehrmachtsteile gebündelt über das Ministerium an die Industrie weitergeben ließ.

Des Weiteren sah Speer, wie sein Vorgänger Todt, die Möglichkeit der Produktionssteigerung in der Beteiligung der Industrie bei der Lenkung der Rüstungswirtschaft. Todt begründete die Organisationsform der Ausschüsse, deren Mitglieder aus den betreffenden Industriezweigen kamen und für die Steuerung der Heeresrüstung verantwortlich waren. Für jede Hauptproduktgruppe wurde ein Hauptausschuss gebildet, wie zum Beispiel der Hauptausschuss „Triebwerke". Der Leiter des Hauptausschusses war für die Produktion des entsprechenden Hauptproduktes verantwortlich. Diese Organisationsform dezentralisierte die Entscheidungen. Die Hauptausschüsse untergliederten sich entsprechend der Produktuntergruppen in Sonderauschüsse und Arbeitsgruppen. Neben der vertikalen Ausschussorganisation wurde für die Zulieferprodukte des Hauptprodukts, wie zum Beispiel Kurbelwellen, eine horizontale Ringorganisation begründet. Die Organisationsgliederung vollzog sich demnach objektbezogen. Eine ähnliche Organisationsform für die Rüstungssteuerung bestand in Form des Industrierates bei der Luftwaffe. Der Industrierat war in drei Hauptausschüsse aufgeteilt. Der Hauptausschuss „Triebwerke" wurde durch William Werner geleitet. Die Hauptausschüsse des Industrierates wurden durch Speers Organisationsform übernommen und in Sonderausschüsse unterteilt. Den Sonderausschuss „T2 Daimler Benz Triebwerke" im Hauptausschuss „Triebwerke" leitete zunächst der seit 1942 zum Daimler-Benz-Vorstandsvorsitzenden berufende Dr. Wilhelm Haspel. Er war für die Triebwerksproduktion der Daimler Benz AG zuständig. Anfang 1944 konnten die alliierten Luftstreitkräfte durch den Einsatz neuer Techno-

---

49 Roth, Schlüsseldokumente, S. 17-19; Fröbe, Ägypter, S. 393.
50 Am 2.9.1943 werden Speers verschiedene Verwaltungsapparate werden zum Reichsministerium für Rüstung und Kriegsproduktion zusammengefasst.

logien die bis dahin effektive deutsche Luftabwehr weitgehend außer Gefecht setzen und deutsche Rüstungszentren flächendeckend bombardieren. Die Zerstörung großer Teile der deutschen Rüstungsindustrie führte unter anderem zu einem erheblichen Rückgang der Flugzeugproduktion. Am 1. März 1944 wurde zu dessen Steigerung durch einen Erlass Hermann Görings der „Jägerstab" gegründet.

In diesem Gremium waren die für die Flugzeugproduktion zuständigen Rüstungsdienststellen, Luftwaffenoffiziere und Vertreter der bedeutendsten Unternehmen versammelt, darunter auch Angehörige der Daimler Benz AG. Der „Jägerstab" galt als ergebnisorientierte und unbürokratische Institution. Auf dem „Kommandoweg" wurde, ohne besondere Formalitäten, der Einsatz von Rohstoffen, Produktionsmitteln und Arbeitskräften zur Steigerung der Flugzeugproduktion koordiniert, alle notwendigen Ressourcen wurden der Produktion per Führererlass zur Verfügung gestellt. Faktischer Leiter des „Jägerstabes" wurde dessen stellvertretender Leiter und Stabschef Karl Otto Sauer.[51] 1942 wurde Karl C. Müller stellvertretender Leiter des „Sonderausschusses T2", spätestens 1943 übernahm er die Leitung von T2 und war somit für die Produktion des DB 605-Triebwerkes zuständig.[52] Müller war ebenso oberster Ringführer. Er war in dieser Funktion zuständig für die Koordination der Zulieferteile für das Werk Genshagen. In seinen Kompetenzen institutionalisierte sich für die Flugmotorenfertigung eine effektive Schnittstelle aus vertikaler Ausschussorganisation und horizontaler Ringorganisation.[53]

Die Funktion des stellvertretenden Betriebsführers in Genshagen wurde vom Personalchef Dr. Kurt Krumbiegel besetzt. Im Juni 1944 wurde er Müllers Nachfolger. Als Betriebsdirektor und Technischer Leiter in Genshagen war Wilhelm Künkele für den Flugmotorenbau verantwortlich. Im Februar 1943 wurde er durch Josef Sommer ersetzt, nachdem Künkele Ringführer für die 605er Baureihe wurde.[54] Sommer kam von den Junkers-Werken in Dessau nach Genshagen. Vorerst blieb ihm eine Stellung als Betriebsführer verwehrt. Im Juni 1944 wurde er Nachfolger Krumbiegels als stellvertretender Betriebsführer. Josef Sommer wurde am 17.8.1901 in Aachen geboren.

---

51 Formell war der Jägerstab Albert Speer und Milch unterstellt, in Personalunion führte Saur das Technische Amt des Rüstungsministeriums, Fröbe, Ägypter, S. 398; Moll, Führer-Erlasse S. 424-425.
52 BA: R3/ 3057; BLAH: Rep 75/19; Janssen, Gregor: Das Ministerium Speer. Deutschlands Rüstung im Krieg, Berlin 1968, S. 42-48.
53 Janssen, Speer, S. 46.
54 R8119f/P3319.

Er wurde am 31.1.1940 in die NSDAP aufgenommen und zum Wehrwirtschaftsführer ernannt.[55] Am 27. März 1945 ernannte Hitler den SS-Obergruppenführer und General der Waffen-SS Dr. Kammler zum Generalbevollmächtigten für Strahlenflugzeuge. Hitler sah in der Produktion des Düsenjägers Me 262 die „Rettung der Nation". Die gesamte noch existierende deutsche Flugzeugproduktion sollte zur Herstellung der Me 262 eingesetzt werden. Das Triebwerk Jumo-004 der Me 262 wurde vom Junkerswerk in Dessau produziert. Dessen Betriebsführer, Walter Cambeis, wurde durch Kammler zum Beauftragten der Erstellung der Strahltriebwerke, Leiter Sonderausschuss T1, ernannt. Das Daimler Benz Werk in Genshagen sollte unter der Federführung von Cambeis seine Produktion ebenfalls auf das Triebwerk Jumo-004 umstellen. Sommer wurde von Cambeis mit der Produktionsumstellung beauftragt und zum Leiter des Fertigungskreises 2 (Nord) ernannt. Ein Fertigungskreis umfasste alle für die Produktion des Triebwerkes notwendigen Werke und Firmen einer Region.[56] Die Serienproduktion des DB-605 war für das Werk Genshagen jedoch schon vor der Umstellung auf Jumo-004 obsolet geworden. Wegen mangelnder Treibstoffreserven waren die Testläufe für die produzierten Motoren auf den Prüfständen durch die Techniker der Luftwaffe nicht mehr durchzuführen. Die Motoren wurden aus diesem Grund von der Luftwaffe nicht mehr abgenommen. Es kann daher davon ausgegangen werden, dass die Endmontage von DB 605 in der Halle 24 spätestens Anfang Februar zum Erliegen kam.[57]

---

55 BA: BDC, NSDAP,Sommer, Josef; R8119F/P3319, Protokoll der Beiratssitzung der Daimler-Benz-GmbH vom 4.12.1942; BLAH: Rep. 75/101 Karteikarten mit Meldung der Belegschaften zum Volkssturm.
56 Stadtmuseum Ludwigsfelde: Bericht von Herrn Direktor Josef Sommer.
57 Stadtmuseum Ludwigsfelde: Bericht Sommer.

3. Arbeitskräftemangel und Rüstungsindustrie

Mit dem Scheitern der Blitzkriegstrategie im Dezember 1941 begann sich das Arbeitskräfteproblem für die deutsche Rüstungsindustrie zu verschärfen.[58] Die Achsenmächte traten nun in einen Rüstungswettlauf mit den Alliierten, den sie um jeden Preis vermeiden wollten. Die deutsche Rüstungsindustrie hatte bis zum Winter 1941 auf zeitlich und quantitativ begrenzte Rüstungsanstrengungen und auf die qualitative Überlegenheit ihrer Rüstungsprodukte gegenüber der standardisierten Massenproduktion der Alliierten gesetzt. Nach der Niederlage vor Moskau erforderte der Krieg von Deutschland jedoch erweiterte Rüstungsanstrengungen, ein anhaltendes Produktionswachstum und somit einen erhöhten Bedarf an Arbeitskräften. Die deutschen Streitkräfte ließen den Bedarf an Arbeitskräften weiter ansteigen. Im September 1944 dienten 9,1 Millionen Wehrpflichtige. Seit Ausbruch des Krieges waren 13 Millionen Deutsche eingezogen worden. Die hohen Kriegsverluste an Menschen entzogen der deutschen Industrie endgültig die Arbeitskräfte. Die Verluste konnten nicht durch deutsche Arbeiter ersetzt werden.[59] Die Arbeitskräfteressourcen für die deutsche Industrie waren - insgesamt betrachtet - begrenzter als bei den Alliierten.[60] Einen Lösungsansatz versprach sich die NS-Führung durch den Einsatz von ausländischen Arbeitskräften. Mit der Ernennung des thüringischen Gauleiters Fritz Sauckel zum Generalbevollmächtigten für den Arbeitseinsatz am 27. März 1942 sollte die Organisation des Arbeitseinsatzes zentralisiert und koordiniert werden.[61] Der Einsatz von Arbeitern durch die Form der Zwangsarbeit wurde forciert. Sie betraf vor allem ausländische Arbeitskräfte aus den besetzten Gebieten.

Ebenso wurden Kriegsgefangene, Häftlinge aus den Gestapo-Arbeitslagern, Justizvollzugsanstalten, SS-Lagern und Sonderlagern und letztendlich Konzentrationslagern eingesetzt.[62] Durch den Einsatz von Zwangsarbeitern sollten die Maßnahmen, welche die Popularität des NS-Regimes gefährdeten, wie zum Beispiel die Dienstverpflichtung von Frauen oder die Beeinträchtigung der Konsumgüterproduktion durch Umverteilung von deutschen Arbeitskräften zu Gunsten der Rüstungsindustrie, umgangen oder zumindest verzögert werden. Der Einsatz der Zwangsarbeiter erfolgte zunächst nach rassenhierarchischen Kriterien. Rekrutierungsmethoden, Unterkunft, Verpflegung, Lohn und Freizeitgestaltung orientierten sich an nationalsozialisti-

---

58	Pesch, Kriegswirtschaft, S..37.
59	Pesch, Kriegswirtschaft, S.37.
60S	iehe zu den Gründen, Milward, Alan: Arbeitspolitik und Produktivität in der deutschen Kriegswirtschaft unter vergleichendem Aspekt, in: Forstmeier, Friedrich: Kriegswirtschaft und Rüstung 1939-1945, Düsseldorf 1977, S. 73-91.
61	Pesch, Kriegswirtschaft, S.39.
62	R3/ 3546, Rundschreiben 32.

schen Rassevorstellungen. Die Zwangsarbeiter aus Nordeuropa galten als „arische Brüder" und hatten daher bessere Bedingungen als diejenigen aus West- und Südeuropa. Zwangsarbeiter aus Osteuropa, die so genannten „Ostarbeiter", waren, von einigen Ausnahmen abgesehen, in den Rassevorstellungen der Nazis minderwertiger als ihre westlichen Leidensgefährten. Auf der untersten Stufe in dieser Hierarchie der Unmenschlichkeit standen die sowjetischen Kriegsgefangenen, die Häftlinge der Gestapo-Arbeitslager und die KZ-Häftlinge. Durch die Anforderungen des Krieges änderte sich jedoch sukzessive die Einstellung des NS-Regimes gegenüber einem Teil der Zwangsarbeiter. Zur Steigerung der Arbeitsleistung der „Ostarbeiter" wurde ihre Behandlung den Westarbeitern gleichgestellt. Für die italienischen Arbeiter wiederum verschärfte sich die Lage, nachdem Italien auf die Seite der Alliierten getreten war. Arbeits- und Lebensverhältnisse wurden entsprechend verbessert oder verschlechtert. Die katastrophalen Bedingungen für die KZ-Häftlinge änderten sich nicht. Letztendlich hatte die Änderung der Behandlung der Zwangsarbeiter keinen Einfluss auf die Arbeitsleistung, der Einsatz von Zwangsarbeitern blieb unwirtschaftlich und unproduktiv.[63]

Der Arbeitskräftemangel in Deutschland während des Krieges führte auch zu kritischen Diskussionen unter den einfachen Parteigenossen. So beklagte sich der Parteigenosse und Werkmeister Kraus 1944 bei dem Ortsgruppenleiter Seizinger in Feuchtwangen über die wenigen Arbeitskräfte im Land: „Bei ihnen wird es halt auch sein, wie bei mir: Sie müssen halt auch das Meiste selber machen..." Er verband diese Aussage jedoch mit einer Kritik an der NS-Politik: „Ja, jetzt haben wir den totalen Krieg. In Berlin haben sie ja geschrieen: Wir wollen den totalen Krieg". Kraus wurde aus der Partei ausgeschlossen.[64]

Für die Genshagener Werksführung stellte der Bedarf an Arbeitskräften schon in den ersten Kriegsmonaten ein Problem dar. Im November 1939 beschwerte sich der Vorsitzende des Beirates der Daimler-Benz Motoren GmbH, Strauß, über die Art der Stellenannoncierung der Genshagener Betriebsführung im Völkischen Beobachter. Daraufhin schilderten Betriebsführer Müller und Personalchef Krumbiegel die Personalprobleme des Werkes: Es wurde „ ... die Trennung der Stellenangebote im VB vorgenommen ..., um die einzelnen Angebote auffälliger zu machen,...,die Ausbeute ist in letzter Zeit so gering geworden, dass wir nahezu Anreißermethoden anwenden müssen, um überhaupt ein Stellungsgesuch auf unsere Angebote zu erhalten. Während sich früher auf eine Anfrage nach Maschinearbeiterinnen Dutzende Frauen gemeldet haben, und wir noch eine gewisse Auswahl vornehmen

---

63 Milward, Arbeitspolitik, S. 84-91; Siegfried, Klaus-Jörg: Rüstungsproduktion und Zwangsarbeit im Volkswagenwerk 1939 - 1945. Eine Dokumentation, Frankfurt am Main 1987, S. 107-163.
64 BA: BDC, PK/G0248.

konnten, kommen z.Z. nur ganz wenige Gesuche ins Haus. Wir haben aus diesem Grunde beschlossen, nunmehr das Annoncieren einzuschränken, u.U. ganz aufzugeben, weil die Kosten nutzlos aufgewendet werden...."[65] Die Lage des Werkes im relativ unbesiedelten Raum und die zu geringen Wohnmöglichkeiten in unmittelbarer Nähe des Werkes trugen zum Arbeitskräftemangel bei. Des Weiteren setzte Ende 1939 eine Art Vollbeschäftigung in Deutschland ein, die die Ressourcen besonders an Facharbeitern begrenzte. Betriebsführer Müller, mit seinen Erfahrungen in der Fließbandproduktion, hatte daher schon 1938 Überlegungen angestellt, Frauen und Hilfsarbeiter in der Motorenfertigung einzusetzen.

Die Arbeiten in der Endmontage wurden so strukturiert, dass sie unter fachlicher Aufsicht von ungelernten Kräften nach kurzer Einarbeitungszeit durchgeführt werden konnten.[66] Der andauernde Krieg verschärfte die Personalsituation im Werk. Auf der einen Seite sollten die Produktionszahlen gesteigert werden, auf der anderen Seite wurden dem Werk durch die Wehrmacht und dem Rüstungskommando Arbeitskräfte entzogen. Frauen konnten trotz der verstärkten Bemühungen der Werksleitung die fehlenden Facharbeiter nicht ersetzen.[67] Am 18.10.1944 wurde im täglichen Kurzbericht der Flugzeugneubau- und Firmenvertreter für das RmRuK auf diese Situation hingewiesen: So waren "Einziehungsmaßnahmen im DB.G. (Daimler Benz Genshagen) durch Rü.KO Potsdam (Rüstungskommando Potsdam) rücksichtslos erfolgt (in den letzten Wochen 55 Mann). Alle Hinweise auf die Gefahr für das Programm abgeschlagen. Direktor Müller wird aufgefordert, über Programmeinbruch Herrn Minister Speer bzw. HDL Saur zu berichten. ...."[68] Einen Tag später gingen die Klagen seitens der Daimler Benz GmbH Genshagen weiter: „Trotz bisher zahlreicher Einberufungen fordert Rü-Ko Potsdam weitere 90 Ostarbeiter für Kohlenbergwerk. Dr. Schmelter sofort einschalten."[69] Zur Überwindung des Engpasses an Arbeitskräften setzte die Werksführung auf den Einsatz von Zwangsarbeitern. Bereits 1941 arbeiteten im Werk Genshagen Zwangsarbeiter. Der Generalbericht Daimler Benz GmbH Genshagen für den 10. Berichtsmonat 1943 zeigte die Ausnutzung der Ressource Zwangsarbeiter durch die Daimler Benz GmbH Genshagen und die kriegsbedingte Neubewertung in der Einstufung und daraus resultierender Behandlung von Zwangsarbeitern: „Die Motorenproduktion ist auch im Oktober aus verschiedenen Gründen unter den Programmziffern geblieben. Durch die Hereinnahme italienischer Militärinternierter, die wir für die bisherigen französischen Kriegsgefangenen erhielten, welch letztere nun als Zi-

---

65 BA: R8119f-P3319.
66 Pohl, Schlüsseldokumente, S. 169; Milward, Arbeitspolitik.
67 Hopmann, Zwangsarbeit, S.79.
68 BA: R3/3034.
69 BA: R3/3034.

vilarbeiter beschäftigt werden, konnten wir unseren Gefolgschaftsstamm um rd. 600 Köpfe erhöhen."[70] Ende 1944 waren mindestens 10.000 Zwangsarbeiter im Werk Genshagen und dem Verlagerungswerk „Goldfisch" eingesetzt.[71] Im Werk Genshagen und in Ludwigsfelde entstand ein regelrechter Lagerkosmos aus Lagern für Westarbeiter, Ostarbeiter, italienische Militärinternierte, SS-Strafhäftlinge und KZ-Häftlinge.[72] 1945 gab der Leiter der Werksverpflegung Walter Portner an, dass ihm die Verwaltung von sieben Gemeinschaftslagern unterstand, und er für die Durchführung der Verpflegung für 6000 Lagerinsassen zuständig war.[73] Der Arbeitseinsatz von KZ-Häftlingen in der Privatindustrie offenbarte den Widerspruch vom ökonomischen Handeln und dem systemimmanenten Terrorcharakter des KZ. Dass das eine das andere ausschloss, wurde von der „SS-Wirtschaft" nie erkannt. Prinzipiell entstand kein Streit zwischen der „SS-Wirtschaft" und der „„KZ-SS"" um die grundlegende terroristische Behandlung der Häftlinge, sondern von welcher SS-Institution die Arbeitskraft der Häftlinge ausgepresst wurde. Mit zunehmendem Arbeitskräftebedarf im Reich wurden sukzessive KZ-Häftlinge in der deutschen Rüstungsindustrie eingesetzt. Die „SS-Wirtschaft", die als Organisationsform des Wirtschafts- und Verwaltungsamtes (WVHA) funktionierte, sah in der Ausleihe von Arbeitskräften an die Privatindustrie eine Einkommensquelle. Die „KZ-SS" wiederum sah in der Arbeitskraft der Häftlinge die Möglichkeit, ihren Reichtum zu mehren, in dem diese Privatarbeiten für sie erledigten. Dieser Konflikt kulminierte im Machtkampf zwischen „SS-Wirtschaft" und „KZ-SS" über die Verfügungsgewalt der Häftlinge. Beide Arten der Auspressung schlossen den Terror und Tod nicht aus und hatten mit ökonomischem Handeln nichts zu tun.[74]

Am 16. März 1942 wurde die Inspektion der Konzentrationslager, der organisatorische Überbau der KZ, als Amtsgruppe D, unter SS-Brigadeführer Glücks, in das WVHA integriert und somit Pohls Kommando unterstellt. Im WVHA wurde SS-Obersturmbannführer Gerhard Maurer Leiter des Amtes D II. Er war für den gesamten Arbeitseinsatz der Konzentrationslager verantwortlich. Die KL-Kommandanten waren für den Arbeitseinsatz der Arbeits-

---

70 BA: R 8119f-P3322.

71 Die angegebenen Zahlen sind mit Vorsicht zu betrachten, da einige Aussagen des Zeugen Plock zur Anzahl der KZ-Häftlinge nach neusten Erkenntnissen zweifelhaft sind, Angabe Dr. Bernhard Rink-Stadtmuseum Ludwigsfelde. Des Weiteren basieren die Zahlen insgesamt auf Schätzungen, die Anzahl der Häftlinge unterlag einer hohen Fluktuation., Hopmann, Zwangsarbeit, S.97-103.

72 Bis heute sind die Standorte der einzelnen Lager nicht geklärt. Ein Teil der ehemaligen Kommandantenbaracke des KZ Genshagen steht im Museum Ludwigsfelde. Die Baracke wurde in den 90-igern abgerissen.

73 BLAH: Rep. 75/101, Karteikarten mit Meldung der Belegschaften zum Volkssturm.

74 Schulte, Vernichtung, S. 379-382; Sofsky, Wolfgang: Die Ordnung des Terrors, Frankfurt am Main 1993,S.201.

kräfte ihres Lagers zuständig. In dieser Arbeit wurden sie von den Arbeitseinsatzführern unterstützt. In Sachsenhausen unterstand dem Arbeitseinsatzführer die Abteilung III. Zu seinem Aufgabengebiet gehörte der Arbeitseinsatz der KZ-Häftlinge und gleichzeitig war er der Verbindungsmann des Amtes D zum RmRuK.[75] Ursprünglich sollten die Arbeitseinsatzführer als selbständige Abteilungsleiter direkt den Anweisungen des Amtes D Folge leisten. Dieses Prinzip konnte sich jedoch nicht gegen den Machtanspruch der KZ-Kommandanten durchsetzen. Ihnen wurde der Arbeitseinsatz direkt unterstellt.[76] Im Laufe des Krieges wurde die Organisation des Verleihes von Arbeitskräften zur eigentlichen Aufgabe des Amtes D II. In diesem Kontext entwickelte sich eine bürokratische Verfahrensweise: Die Betriebe beantragten ihren Bedarf an KZ-Häftlingen beim Chef des Amtes D II Maurer. Dies erfolgte mit Hilfe eines entsprechendes Formulars.[77] Nach Rücksprache mit seinem Chef Glücks und einer wöchentlichen Konferenz entschied der WVHA-Chef Pohl über die Anträge. Nach einer Zustimmung Pohls wurde dem regional zuständigen KZ die Anweisung erteilt, eine entsprechende Anzahl von Häftlingen den Betrieben zu überstellen.

Dafür entsandten die Betriebe einen zuständigen Mitarbeiter in die KZs, der sich in Begleitung des Kommandanten oder des Arbeitseinsatzführers ein Kontingent an Häftlingen auswählte.[78] Das RmRuK stand in regen Verhandlungen mit der SS über den Einsatz der KZ-Häftlinge. Nachdem die Rüstungsproduktion unter Speer weiter zentralisiert wurde, war es nur eine Frage der Zeit, bis der Arbeitseinsatz der KZ-Häftlinge vom RmRuK koordiniert wurde. Ab Oktober 1944 mussten die Betriebe ihre Anforderungen an das RmRuK senden, das die Anforderungen prüfte und dem WVHA weiterleitete.[79] Die Auswahlkriterien richteten sich primär nicht nach fachlichen Kompetenzen der Häftlinge. Viele Betriebe hatten ihre Produktion so rationalisiert, dass für die KZ-Häftlinge primitive Hilfsarbeitertätigkeiten vorgesehen waren. Sie konnten so leichter eingearbeitet und ersetzt werden. Eine fachliche Qualifikation der Häftlinge war daher oft zweitrangig. Für die Arbeit in den SS-Baubrigaden spielte, wenn überhaupt, nur die körperliche Ver-

---

75 Archiv Sachsenhausen XXV/5, Offizielle Dokumente Struktur der SS-Lagerführung.
76 Etablierung der Arbeiteinsatzführer als selbständige Abteilungsleiter im KZ. Die Ausweitung des Machtbereichs Pohls war damit gescheitert; Orth, Karin: Die Konzentrationslager- SS, S.49.
77 Bauche, Ulrich: Arbeit und Vernichtung: Das Konzentrationslager Neuengamme 1938 - 1945. Katalog zur [ständigen] Ausstellung im Dokumentenhaus der KZ-Gedenkstätte Neuengamme, Hamburg 1991, S. 226.
78 Schulte, Vernichtung, S. 386-392; Fröbe, Hannover, S. 22-27; Orth, Konzentrationslager- SS, S.48-49.
79 BA: R3/ 1583 Speer an Himmler; Wagner, Produktion, S. 75.

fassung eine Rolle.[80] Eine statistische Methode des WVHA, das die Anzahl und Qualifikation der Häftlinge in Form eines zentralen Karteikartensystems erfassen sollte, war uneffektiv. Das WVHA musste sich auf die Angaben der Lager-SS und der Häftlingsselbstverwaltung verlassen, die nicht brauchbar waren.[81] Letztendlich entschied die Lager-SS oder die Person des Betriebes vor Ort über die Auswahl. Dann spielten auch die individuellen Motive der handelnden Person eine Rolle. Einige Firmen führten regelrechte Bewerbungsgespräche in den KZs. In diesen Fällen konnten manche Firmenvertreter Personen aus menschlichem Mitgefühl auswählen und die fachliche Qualifikation rückte in den Hintergrund. Andere Personen richteten die Auswahl strickt nach der fachlichen Qualifikation der Häftlinge.

Einige Firmen verzichteten generell auf solche Prozeduren. Sie ließen eine Häftlingsmasse antreten und wählten pauschal die entsprechende Anzahl mit einer abgrenzenden Handbewegung aus: „Dann erschien eines Tages ein Deutscher in Ledergamaschen und einem Monokel im Auge; voll Hochmut und Verachtung warf er einen spöttischen Blick auf das elende menschliche Vieh, das dort seit so vielen Stunden stillstand, machte eine ausladende Handbewegung, was bedeutete, dass er die ganze Partie nahm, und verschwand."[82] Der Einsatz der KZ-Häftlinge in den Rüstungsbetrieben wurde zwischen der SS und dem betreffenden Betrieb vertraglich geregelt.[83] Ein wesentlicher Bestandteil der jeweiligen vertraglichen Festlegungen war die Vergütung der Häftlingsarbeit. Ab 1944 gab es von der WVHA festgelegte Sätze für die Häftlingsarbeit. Das WVHA verlangte pro Tag sechs RM für einen Facharbeiter und vier RM für einen Hilfsarbeiter. Die Arbeitszeit lag bei elf Stunden Tag- und Nachtarbeit. Für weibliche KZ-Häftlinge sollten die Betriebe drei RM zahlen. Für KZ-Häftlinge aus den besetzten Gebieten Polens und der Sowjetunion wurde weniger verlangt. In der Praxis wurden oft Beträge unter den WVHA- Forderungen gezahlt. Von dem Geld profitierten die

---

80 Selbst einflussreiche Unternehmen, wie die IG-Farben, bekamen in der Regel Kontingente mit einer großen Anzahl von arbeitsunfähigen Häftlingen., Setkiewicz , Piotr: Häftlingsarbeit im KZ Auschwitz III- Monowitz. Die Frage nach der Wirtschaftlichkeit der Arbeit, in: Orth, Konzentrationslager, S.584-605.

81 Die Überlebenschance eines Häftlings erhöhte sich, wenn er Spezialkenntnisse vorweisen konnte, die ihm die Arbeit in einem relativ sicheren Arbeitskommando erlaubte, z. B. Goldschmied, Dreher oder Arzt. Wer dieses System durchschaute, gab entsprechende Fähigkeiten an, obwohl sie nicht zutrafen., Schulte, Vernichtung, S. 384.

82 Fröbe, Rainer: KZ-Häftlinge als Reserve qualifizierter Arbeitskraft. Eine späte Entdeckung der deutschen Industrie und ihre Folgen, in: Orth, Konzentrationslager, S. 636-670; Nr. 115a Mireille Mallet: Im Zeichen des Winkels, in: Roth, Schlüsseldokumente, S. 304.

83 Fröbe, Hannover, Abb.1 u. Abb2, Anhang; Bauche, Arbeit, S. 215.

Häftlinge nicht. [84]An- und Abtransport sowie Bekleidung der KZ-Häftlinge übernahm in den meisten Fällen die SS. Die Unterkünfte für die Häftlinge und die SS stellten in der Regel die Betriebe. Sie übernahmen ebenso die Kosten der Sicherungsanlagen, der Einrichtung und die laufenden Betriebskosten des Lagers. Die Unterkünfte wurden durch die Amtsgruppe D nach Sicherheitskriterien überprüft. Einsatzort und Unterkunft der Häftlinge sollten in einem abgesicherten und vom betrieblichen Umfeld isolierten Bereich liegen. In der Praxis waren diese Anforderungen oft nicht realisierbar. Die Wachmannschaften stellte ursprünglich die „KZ-SS". Eine ausreichende Bereitstellung der Bewachungsmannschaften durch die SS konnte durch das virulente Personalproblem nicht gewährleistet werden.

Daher übernahmen in vielen Fällen Einheiten der Wehrmacht, der Luftwaffe, der Marine und des Werkschutzes die Bewachung der KZs. Bei weiblichen KZ-Häftlingen wurden neben dem Wachkommando SS-Aufseherinnen eingesetzt. Die Verpflegung der Häftlinge erfolgte durch die SS oder den entsprechenden Betrieb. Ebenso variierte die Stellung der „ärztlichen Versorgung". Entweder übernahm das KZ Arztpersonal oder der Werksarzt die „Versorgung" der KZ-Häftlinge.[85]

---

84   Wagner, Produktion, S.72-73.
85   Schulte, Vernichtung, S. 391-392; Hopmann, Zwangsarbeit, S. 350-351; Fröbe, Hannover, S. 52-60.

4. Die Begriffe Außenlager und Außenkommando

Für diese Arbeit werden die Begriffe Außenlager und Außenkommando für die KZs in den Rüstungsbetrieben benutzt. In der Literatur über die Außenlager wird in vielen Fällen keine begriffliche Trennung zwischen Außenlager und Außenkommando vollzogen.[86] Der Begriff Außenlager setzte sich erst in der historischen Diskussion der Nachkriegsjahre für die „Arbeitslager" durch.[87] Dieser Begriff gab dem KZ keine anachronistische inhaltliche Bedeutung. Andere Historiker typologisierten die Außenlager nach ihrer „ökonomischen" Funktion. Diese Typologisierung ist jedoch inhaltlich anachronistisch. Die SS hat die Außenlager nicht nach ihrer „produktiven" Funktion, wie zum Beispiel „Bau- oder Produktionslager", bewusst definiert.[88] Folgend sollen die Eigenschaften beschrieben werden, nach denen eine begriffliche Trennung zwischen Außenlager und Außenkommando von der SS vorgenommen wurde. Das WVHA unterteilte in einem Schreiben vom November 1942 die KZs, neben den Stammlagern, in den euphemistischen Begriff „Arbeitslager" und den Begriff „Außenkommando". Als „Arbeitslager" wurden die KZs bezeichnet, in denen die zur Arbeit eingesetzten Häftlinge ständig untergebracht waren.

Die Häftlinge der Außenkommandos kehrten nach der täglichen „Arbeit" wieder in das Stammlager zurück.[89] Aus diesem grundlegenden Unterscheidungsmerkmal ergaben sich folgende organisatorische Unterschiede. In der Regel waren die KZ-Außenlager nach dem Territorialprinzip dem nächstliegenden Stammlager unterstellt. Als organisatorischer und administrativer Kopf des Außenlagers etablierte sich der Kommandoführer des Wachkommandos. Er war letztendlich für die Sicherungsmaßnahmen, den Lagerbetrieb und die Kommunikation mit dem Betrieb und dem Stammlager verantwortlich.[90] Deshalb wurde er von vielen Häftlingen als Lagerführer wahrgenommen und bezeichnet. Der Kommandoführer unterstand der Administration des Stammlagers. Die Außenlager des KZ Sachsenhausen wurden im Tagesbefehl 5/44 den jeweiligen Kompanieführern des SS-Totenkopf-Wachba-

---

86 Sofsky, Perspektive, S. 1143.
87 Kogon spricht in diesem Zusammenhang von Außenlagern und Außenkommandos; Kogon, SS-Staat,S. 269-280.
88 Typologisierung der Außenlager in Bau-, Produktions-, Aufräum- und Auffanglager; Freund, Florian: Mauthausen. Zu Strukturen von Haupt- und Außenlager, in: Benz Dachauer, S. 254-272.
89 Knop, Monika: Die Außenlager des Konzentrationslagers Sachsenhausen. Ein Forschungsüberblick, in: Die Außenlager des Konzentrationslagers Sachsenhausen und Ravensbrück. Vorträge und Manuskripte des Workshops vom 17. bis 18. Oktober 2003 in der Internationalen Jugendbegegnungsstätte Ravensbrück, Oranienburg 2003, S.8.
90 BA: NS4 /Sa5 Kompaniebefehle 2/45, 3/45 7./SS-T.Wachbtl. Sachsenhausen.

taillon Sachsenhausen unterstellt. Der betreffende Kompanie-Chef übernahm die Aufsicht über die ihm zugeteilten Lager. Seine Disziplinargewalt versuchte er durch Kompaniebefehle und regelmäßige Inspektionen durchzusetzen.[91] Der Kommandoführer genoss durch die räumliche Entfernung zu seinen Vorgesetzten eine gewisse Unabhängigkeit und hatte demnach eine nahezu uneingeschränkte Machtstellung im Lager. 1943 legte die WVHA eine einheitliche Aktenbezeichnung fest. Demnach sollten in den Akten des jeweiligen Außenlagers das Stammlager und das dazugehörige „Arbeitslager" mit dem geographischen Ort vermerkt werden.[92] Für das Außenlager Genshagen ist in den Akten folgende Bezeichnung zu finden: „Konz. Lager Sachsenhausen Arbeitslager Genshagen".[93] Eine Nennung des Firmennamens wurde ausdrücklich untersagt.[94]

Eine einheitliche Bezeichnung der Außenlager konnte sich trotz Anweisung des WVHA in der KZ-Bürokratie nicht durchsetzen. So ist in den Akten bis zum Ende des NS-Regimes von „Kommandos", „Außenkommandos", „Außenkommandolager", „Arbeitslager" oder „Arbeitsaußenlager" die Rede. Eine weitere Eigenschaft der Außenlager und Außenkommandos war die Integrierung des KZ-Systems in die Werkstruktur. Die Einbeziehung von SS-externen Produktionsfachkräften aus der Privatindustrie in die Überwachung des Arbeitsablaufes der KZ-Häftlinge führte zu einer Teilung der Macht über die Häftlinge zwischen beiden Gruppen. Die explizite Trennung des KZ-Systems von der gesellschaftlichen Umwelt wurde aufgehoben. Ein weiteres Merkmal eines KZ-Außenlagers war die erforderliche Unterkunft für die ständige Unterbringung der KZ-Häftlinge und des Wachkommandos am jeweiligen Einsatzort. Die Unterkunft der Häftlinge, oft identisch mit dem Arbeitsort, wurde durch den obligatorischen elektrisch geladenen Stacheldraht umzäunt. Des Weiteren wurden im Außenlager Häftlingsnummern für die KZ-Häftlinge eingeführt, die dem neu zugeordneten Stammlager entsprachen. In den Außenkommandos wurden in diesem Fall keine neuen Häftlingsnummern vergeben.[95] Im Außenlager wurde eine vom Stammlager unabhängige Häftlingskartei geführt. In dieser Kartei wurde der Ab- und Zugang von Kranken bzw. neuen Häftlingen verzeichnet. Zur Bewältigung des KZ-Alltages wurde eine notwendige Anzahl von Funktionshäftlingen aus den Stammlagern in die Außenlager überstellt. Dazu gehörten Lagerälteste, Lagerschreiber, Blockälteste, Kapos, Küchenhäftlinge sowie Sanitätshäftlin-

---

91 BA: NS4/ Sa5.
92 Schwarz, Erika: Geschichte und Kategorisierung der Ravensbrücker Außenlager, in: Workshops, S.18-19.
93 BA: BDC: SS-Liste.
94 BA: NS4/ Sa/5, Kompaniebefehl 7./SS-T.Wachbtl. Sachsenhausen.
95 BA: DP 3 2014, Aussage KZ-Häftling Halina Chajo.

ge.[96] Diese Eigenschaften zeigten die organisatorische Trennung von Stamm- und Außenlager. Das Außenlager war somit eine Miniaturausgabe des KZ-Systems eines Stammlagers mit eigenen Strukturen, mit täglichem bürokratischen und organisatorischen Ablauf. Die Außenlager waren aufgrund ihrer geringen Größe für die SS übersichtlicher, und es bestand ein „engeres" Verhältnis zwischen Häftlingsgesellschaft, SS und deutscher Gesellschaft.

---

96   BA: DP 3 2014, Aussage KZ-Häftling Helena Maria Kubicka, Aussage KZ-Häftling Friedel Malter; Kogon, SS-Staat, S.273.

5. Daimler Benz Genshagen GmbH fordert Häftlinge an

Eine Entscheidung des „Jägerstabes" betraf die Dezentralisierung der Produktion eines Flugzeugmotorentyps auf mehrere Werke. Die Produktion wurde „oberirdisch" und teilweise „unterirdisch" in Stollenbauten verlagert. Zu Beginn des „unterirdischen" Verlagerungsprogramms mussten riesige Produktionsräume unter Tage errichtet werden. Diese Aufgabe übernahm der Chef der Amtsgruppe C im WVHA, SS-Gruppenführer Hans Kammler. Er war im Jägerstab zuständig für „Sonderbauaufträge" und verfügte, legitimiert durch seine Stellung im WVHA als Chef der Amtsgruppe C (Bauwesen), später „Sonderstab Kammler", über die Arbeitskraft der KZ-Häftlinge in den SS-Baubrigaden.[97] Diese setzte er, ohne Rücksicht auf die mörderischen Umstände, zur Erreichung der Bauziele ein.

Die Flugzeugproduktion in Genshagen wurde zum Teil verlagert. Über den Umfang der Verlagerung des Werkes Genshagen wurde vorerst nicht entschieden. So wurden sukzessiv Maschinen und Arbeiter in einen Stollen in der Gipsgrube „Friede" in Obrigheim, dem so genannten Verlagerungswerk „Goldfisch", gebracht. Hier sollten Teile der DB 605-Produktion erfolgen. In Genshagen verblieb die Endmontage der Motoren und der Prüfstande. Im Rahmen der Verlagerung nach Obrigheim wurden durch die Daimler-Benz AG Häftlinge eingesetzt, die dem Außenlager Neckarselz angehörten. Ab welchen Zeitpunkt im Werk Genshagen generell Häftlinge eingesetzt wurden, ist aus den Quellen nicht eindeutig erschließbar. Die in der Literatur genannten Zahlen von eingesetzten Häftlingen vor dem Spätsommer 1944 beziehen sich insgesamt auf das Verlagerungswerk Goldfisch und Genshagen. Eine Differenzierung ist nicht möglich. Die Angaben über die seit 1942 bei Daimler Benz GmbH Genshagen eingesetzten männlichen Häftlinge des KZs Sachsenhausen basieren auf einer Zeugenaussage.

Diese Arbeit konzentriert sich daher auf das Außenlager Genshagen, das in den Quellen eindeutig ab Oktober 1944 nachweisbar ist.[98] Die Anordnung für den generellen Einsatz von KZ-Häftlingen in der „Fertigung" bei Daimler Benz ging offenbar vom Jägerstab aus. In einem Telegramm des Sonderausschusses F4 an die Direktionen der am Zellenbau beteiligten Firmen vom 9.8.1944 heißt es: „Laut Hauptausschuss Zellen steht ab sofort große Anzahl von KZ-Häftlingen zur Verfügung, die auf Anordnung J-Stab in die Fertigung schnellstens eingeschaltet werden sollen."[99] Es spricht nichts dagegen, dass für die Firmen des Hauptausschuss Triebwerke die gleichen Anordnung bestand. Die Firmen mussten dieser Anordnung jedoch nicht Folge leisten. Die Firma Fieseler Werke verzichtete auf den Einsatz von Häftlingen: „Sie

---

97 Wagner, Produktion, S.70.
98 Fröbe, Ägypter, S. 401-409.
99 BA: R3/3060/75.

können Koch, Hauptausschuss Zellen, mitteilen, dass ich noch gestern Abend die Serien- und Reparaturwerke fernschriftlich benachrichtigt habe, wie viel und ab wann KZ-Häftlinge eingesetzt werden können. Für FW wird voraussichtlich ein Einsatz von KZ-Häftlingen nicht in Frage kommen."[100] Letztendlich lag die Entscheidung über den Einsatz der KZ-Häftlinge in den Führungsetagen der Privatindustrie, die betreffende Firma musste ein Kontingent an Häftlingen bei der SS bzw. später dem RmRuK beantragen. Im Juni 1944 hatte Betriebsführer Karl C. Müller beim SS-Führungsstab KZ-Häftlinge angefordert. Im Antwortschreiben vom 11. Juni 1944 teilte Untersturmführer Glaser Müller den richtigen Adressaten seiner Forderung mit: „Antrag Eurer Abstellung von Häftlingen für Fertigung ist von dort direkt beim Stab SS-Gruppenführer und Generalleutnant der Waffen-SS Dr. Ing. Kammler, Taunusstr.1, Berlin Grunewald, zu stellen". Kammler verfügte über die KZ-Häftlinge in den SS-Baubrigaden. Es ist daher anzunehmen, dass Müller KZ-Häftlinge der Baubrigaden in Obrigheim für die Produktion im Verlagerungswerk „Goldfisch" abzweigen wollte.[101] Die Daimler Benz AG entschloss sich, die Endmontage der Motoren in Genshagen ganz auf KZ-Häftlinge umzustellen.

In Folge dieser Maßnahme wurde durch Daimler Benz Genshagen im August 1944 1000 KZ-Frauen angefordert:"...fuer genshagen .... 1000 k- z frauen angefordert".[102] Diese Umstellung der Produktion auf ungelernte Kräfte unter Anleitung weniger Fachkräfte konnte erfolgen, da die Genshagener Betriebsführung bereits in den Jahren 1942 und 1943 erfolgreiche Rationalisierungsmaßnahmen in der Produktionsweise des DB-605 umgesetzt hatte. Der Mangel an Facharbeitern und die „ständige Programmsteigerung" hatte die Betriebsführung dazu übergehen lassen, die komplizierte Motorenmontage durch „weitestgehende Aufteilung der Arbeit" zu vereinfachen.[103] Die Endmontage der Motoren erfolgte per Fließband. 1942 berichtete Müller in einer Beiratssitzung in Genshagen: „Die Fertigungszeiten sollen indes weiter gesenkt werden, und zu diesem Zweck sei eine Umstellung auf Fließfertigung in Gang, zunächst für einige wichtige Grossteile und sodann für die gesamte Fabrikation".[104] Es ist davon auszugehen, dass es zu einer vertraglichen Regelung über den Zwangsarbeitereinsatz von KZ-Häftlingen zwischen der Daimler Benz GmbH Genshagen und der SS kam. Auf schriftliche Anfrage beim Daimler Benz Archiv, ob ein betreffender Vertrag in den Beständen exi-

---

100 BA: R3-3060/61.
101 Fröbe, Ägypter, S.419.
102 IWM London: 2228/45, Telegramm von debe berlin an vom 1.9.44 , an Direktor Müller.
103 Roth, Schlüsseldokumente, S. 263, Beiratssitzung 12.August 1943; BLAH: Rep.75/19, Listen mit Vorschlägen für Gehaltserhöhungen leitender Angestellter.
104 BA: R8119f/P3319, Niederschrift Beiratssitzung 4.12.1942.

stiert, gab es keine Antwort. Die Umstellung der Endmontage auf KZ-Häftlinge erfolgte nicht ohne Komplikationen. In der ersten Dekade des Monats Oktober wurden in Genshagen keine Motoren endmontiert: "Daimler Benz Genshagen bringt in der 1. Dekade keine Motoren, da die gesamte Montage auf KZ-Frauen umgestellt wird." In der 2. Dekade erfolgte nur eine Minderlieferung aus Genshagen. Durch einen Produktionsausfall im Verlagerungswerk „Goldfisch" wurden keine Motorenteile zur Endfertigung nach Genshagen geliefert. Die KZ-Häftlinge konnten aus diesem Grund nicht, wie geplant, seit Monatsanfang eingearbeitet werden. Erst in der Monatsmitte erfolgte die Einweisung der KZ-Häftlinge in die Montage.

Die Montageverluste konnten trotz 14,5-stündiger täglicher Arbeitszeit und Sonntagsarbeit nicht mehr „kompensiert" werden.[105] Die Anzahl der abgenommenen DB-605-Motoren sank im 10. Berichtsmonat auf 410. Im Vormonat lag die Produktion bei 700 Motoren monatlich. Vor dem schweren Bombenangriff bei 1200 Motoren im Monat. Im Generalbericht für den 10. Berichtsmonat schrieben Sommer und Müller an den Beirat der Daimler Benz Motoren GmbH, darunter Direktor Rummel von der Deutschen Bank: „Durch die schwierigen Produktionsverhältnisse in Goldfisch und den Einsatz von 1000 KZ-Frauen in der Montage in Genshagen wurde die Ausbringung im Oktober ungünstig beeinflusst.".[106] In diesem Zusammenhang ist noch einmal darauf hinzuweisen, dass der Einsatz von KZ-Häftlingen in der Privatindustrie in den Vorstandsetagen der renommiertesten deutschen Unternehmen zur Selbstverständlichkeit wurde.

---

105 IWM London: 2228/45, Mitteilung Minderlieferung Sommer an Müller.
106 BA: R8119F/P3323.

6. Das Lager

Mindestens 96 Außenkommandos und Außenlager sind für das KZ Sachsenhausen von 1938 bis 1945 nachgewiesen. Im zweiten Halbjahr 1944 wurden 48 Außenlager gegründet, 26 in der Region Brandenburg. 1944 war der Arbeitseinsatz von KZ-Häftlinge in der Kriegswirtschaft für die WVHA von wesentlicher Bedeutung. 23 der 48 Außenlager wurden im Bereich der Rüstungsindustrie eingerichtet. Zum 31. Dezember 1944 waren in 19 Außenkommandos und Außenlagern, einschließlich Sonderbau, 13.214 Frauen inhaftiert. Zu Beginn waren die meisten Frauen-Außenkommandos und Außenlager dem KZ Ravensbrück verwaltungstechnisch unterstellt. Ab dem 1. September erfolgte eine verwaltungsmäßige Neuaufteilung der Außenlager nach territorialen Aspekten. Das jeweilige Außenlager wurde dem nächst gelegenen Stammlager unterstellt. So wurde das Frauen-Außenlager Genshagen dem großen Männer-KZ Sachsenhausen angegliedert. In Folge dieser Umstrukturierung erhielten die Frauen neue Haftnummern entsprechend des Stammlagers.

Die Häftlingsstärke der Frauen wurde in den Stärkemeldungen des KZ Sachsenhausen neben den männlichen Belegungszahlen gesondert aufgeführt. [107] Das Außenlager Genshagen verteilte sich auf zwei Standorte. Es bestand aus einem Barackenlager in der Stadt Ludwigsfelde und der Werkshalle 24 auf dem Werksgelände der Daimler Benz Genshagen GmbH. Bis November 1944 waren alle KZ-Häftlinge im Barackenlager untergebracht. Danach wurden für einen Teil der Häftlinge, ca. 500, die Kellerräume der Halle 24 zur Unterkunft. Das SS-Wachkommando und die SS-Aufseherinnen waren bis zur Auflösung des Außenlagers im Barackenlager in Ludwigsfelde einquartiert. Im Außenlager Genshagen waren 1000 bis 1100 Häftlingsfrauen (und Kinder) untergebracht. Es gingen in den Monaten von Oktober bis Dezember mehrere Häftlingstransporte per Eisenbahn oder LKW vom KZ Ravensbrück nach Genshagen. Die Frauen wurden in Güterwaggons und in LKWs gepfercht. Die ersten Häftlinge wurden offenbar Ende September mit Lastwagen nach Ludwigsfelde gebracht. Der größte Transport mit mindestens 850 Frauen verließ am 11. Oktober 1944 Ravensbrück: „Wir sollten mit einem kleinen, langsamen Bummelzug fahren, zu Dutzenden in Viehwaggons mit schlecht gefügten Bretterwänden zusammengepfercht." Für die Fahrt wurden die SS-Aufseherinnen zur Bewachung auf die einzelnen Waggons aufgeteilt: „In den Wagen stieg je eine Aufseherin zu; die uns zugeteilte erhielt den Spitznamen Zazou - wegen ihrer etwas ungezügelten Reaktionen, die unerwartet von einer übertriebenen Vertraulichkeit den Häftlingen gegenüber in eine mit

---

107   Knop, Außenlager, S. 8-10; Schwarz, Ravensbrück , S.18-21; BA: NS3/ 439.

Strenge gepaarte Brutalität umschlugen."[108] Die SS-Aufseherin Stefanie Will erinnerte sich, dass der erste Transport aus mehreren Güterwaggons bestand, in denen die Aufseherinnen gemeinsam mit den Häftlingen nach Genshagen gebracht wurden.[109]

Der für die Häftlinge unter unmenschlichen Bedingungen verlaufende Transport dauerte ungefähr einen Tag: „Wieder waren wir gezwungen, die Qualen einer schlechten Körperhaltung, in der wir lange ausharren mussten, zu ertragen; ein eisiger Luftzug zog uns beißend in Nacken und Kreuz, und es war unmöglich, sich davor zu schützen."[110] Die Fahrt endete auf „freier Strecke". Die Häftlinge wurden aus den Waggons getrieben und unter Aufsicht des männlichen SS-Wachkommandos zum Lager gebracht. Die erste Unterkunft der Häftlinge befand sich im Ort Ludwigsfelde, in den Baracken des ehemaligen Lagers für SS-Häftlinge. Daimler Benz hatte das Lager räumen lassen, und die SS-Häftlinge wurden nach Obrigheim transportiert. „Dazu letzter Menschentransport ca. 200 Mann. Hier gehen mit die SS-Häftlinge aus dem Werkzeugbau, da wir in dem SS-Lager Platz schaffen müssen zur Aufnahme der KZ-Frauen."[111] Die Einrichtungsgegenstände des Lagers blieben vor Ort: „Einrichtungsgegenstände aus SS-Lager können nicht abgestellt werden, da dieses Lager zur Aufnahme von 100 KZ-Frauen benötigt wird".[112]

Das Barackenlager der KZ-Häftlinge war Bestandteil des „Bahnhofslagers." Das „Bahnhofslager" bestand aus mindestens zwei Zwangsarbeiterlagern sowie dem Außenlager Genshagen, dessen Baracken an die Potsdamer Straße angrenzten. Das „Bahnhofslager" lag in einem Dreieck. Den nordöstlichen Schenkel bildete das Gleisbett der Reichsbahn. Der nordwestliche Schenkel bestand aus der Reichsautobahn und den südlichen Schenkel bildete die Potsdamerstraße. Gegenüber der Potsdamerstraße lag eine Wohnsiedlung der Daimler-Benz-Belegschaft, bestehend aus kleineren und größeren Wohnblöcken. Die größeren Wohnblöcke mit sechs bis acht Wohnungen standen direkt an der Potsdamerstraße. Ein Blick der Anwohner aus dem Fenster genügte, um sich das in Sichtweite liegende Außenlager Genshagen zu gegen-

---

108 Mallet, Zeichen, S.304. Philipp, Grit: Kalendarium der Ereignisse im Frauen-Konzentrationslager Ravensbrück 1939 - 1945. Berlin 1999, S. 172; Dietrich, Zwangsarbeit, S. 90; IWM London: 2228/45, Mitteilung Minderlieferung Sommer an Müller.

109 Mallet, Zeichen, S.304. Diese Aussage wird durch die Aufseherin Stefanie Will bestätigt, DP 3 /2014.

110 Mallet, Zeichen, S.305.

111 IWM London: 2228/45, Telegramm Sommer an Krumbiegel vom 26.8.1944.

112 IWM London: 2228/45, Telegramm Sommer an Krumbiegel vom 24.8.1944 , Bei der Zahl 100 kann es sich um den ersten Transport von KZ-Häftlingen von Ravensbrück nach Genshagen handeln.

wärtigen (Abb.2).[113] Das Außenlager bestand aus mehreren Gebäuden. Es wurde durch einen Stacheldrahtzaun und kleine Wachtürme gesichert. Neben der Kommandantur wurden die SS-Aufseherinnen und das SS-Wachkommando in separaten Barackenbauten untergebracht. Die Häftlinge wurden auf mindestens fünf Baracken verteilt.[114] Die Barackenbauten waren aus mit brauner Schutzfarbe imprägnierten Holzlatten auf einem Betonfundament errichtet. Das leichte Spitzdach war geteert. Die Fenster waren weiß umrahmt. Das Innere der Holzbauten war dreigeteilt. Nach dem Eintritt stand man in einem Korridor, von dem links und rechts die Schlafräume abgingen. In den Schlafräumen standen zweistöckige Betten. Ein Bett teilten sich zwei Häftlinge. In einer Baracke befanden sich sanitäre Anlagen: „Der Waschraum befand sich in einer extra Baracke".[115] Des Weiteren existierte im Lager ein Krankenrevier. Häftlinge, die sich arbeitsunfähig meldeten, wurden hier untergebracht: „Im Lager gab es ein Revier mit einem SS-Arzt. Meine Mutter litt an geschwollenen Beinen und Ödemen....So Anfang März kann es gewesen sein, als sie vor einem Zählappell zur Lagerältesten ging, um ihr zu sagen, dass sie nicht mehr kann. Diese schickte sie ins Revier und dort bekam sie vom SS-Arzt eine Pritsche zugewiesen. Eine Behandlung erfuhr sie nicht"[116] Bei schwerwiegenden Erkrankungen wurden die Häftlinge nach Ravensbrück transportiert. Der Lageralltag wurde von psychischen und physischen Terror bestimmt. Jeder Ablauf des Lagerlebens besaß terroristische Elemente. Die Aufnahme im Lager bedeutete für die körperlich erschöpften Neuankömmlinge stundenlanges Stehen: "Es gab einen Appell zur Verteilung der neuen Nummern, einen Appell, der sich über den ganzen Tag hinziehen sollte."[117]

Der tägliche morgendliche und abendliche Appell hatte neben der Überprüfung auf Vollzähligkeit der Häftlinge vor allem einen terroristischen Aspekt: das stundenlange Stehen. An den Tagen, an denen die Häftlinge nicht im Werk eingesetzt wurden, wurde Stillstehen zur Tagesbeschäftigung: „Drei Tage mussten wir in den Blöcken bleiben, ohne zu arbeiten, wie üblich waren sie mit endlosen Stillstehen und Schikanen ausgefüllt."[118] Die Abwechslung an solchen Tagen bestand in den Schikanen der „KZ-SS" und einiger Funkti-

---

113 Landesvermessung Brandenburg, Landesluftbildstelle, Luftbildaufnahme 19.4.1944.

114 DP 3 /2014.Aussagen der SS-Aufseherinnen Stefanie Wilm und Ida Kühn; Dietrich, Zwangsarbeit, S. 107.

115 Dietrich, Zwangsarbeit, S.107. Diese Aussage wird durch einen anderen Zeugen bestätigt., Dietrich, Zwangsarbeit, S.57.

116 Dietrich, Zwangsarbeit, S. 107-108; Ein SS-Arzt ist wöchentlich oder monatlich einmal vom Stammlager Sachsenhausen nach Ludwigsfelde gekommen, siehe auch Aussage KZ-Häftling, Nr.115b Eva Fejer: Als Dolmetscherin im Werk Genshagen, in Roth Schlüsseldokumente, S. 325.

117 Mallet, Zeichen, S. 306.

118 Mallet, Zeichen, S. 306.

onshäftlinge: „Wir hatten wirklich keinen Grund zur Ruhe, die Strafen regneten blindlings ohne Grund auf uns nieder. Hier sah ich zum ersten Mal, wie Helene die Folter der halben Kniebeuge durchstehen musste. Dabei musste man sich mit halb gebeugten Knien, beide Arme horizontal nach vorne gestreckt, aufrecht halten. Helene musste diese Position einen ganzen Vormittag beibehalten. Hinter ihr stand Bobby, eine Latte in der Hand und schlug zu, sobald ihre Haltung nachließ."[119] Mit Erleichterung wurde von den Häftlingen der Beginn des Arbeitseinsatzes in der Halle 24 aufgenommen: „Ich bin überzeugt, wenn dieses Leben auch nur eine Woche länger so weitergegangen wäre, wären wir verrückt geworden." Die Arbeit im Werk entzog die Häftlinge, zumindest für kurze Zeit des Tages, dem Sadismus der „Mächtigen" im Lager. Der Terror des Lagerlebens wurde jedoch größtenteils durch den Terror der Werksarbeit ersetzt. Neben der „KZ-SS" und den brutalen Funktionshäftlingen wurden Teile der Belegschaft und die Arbeit an sich zum terroristischen Instrument: "Außer Schlägen gab es sonst nichts zusätzliches, auch zu Weihnachten nicht." [120]Nach dem morgendlichen Zählappell marschierten die Häftlinge vom Barackenlager in Ludwigsfelde zur ca. 4 Kilometer entfernten Halle 24. Der Weg führte über die Potsdamerstraße und die Straße der Jugend durch den Ort Ludwigsfelde zum Eingang des Werkes am Südtor. Dieser tägliche Marsch konnte von der Bevölkerung nicht übersehen werden (Abb.3.). Neben der brutalen SS waren die Häftlinge auch der Gewalt der Ludwigsfelder Bevölkerung ausgesetzt.

In einem Fall wurden die KZ-Häftlinge von Ludwigsfeldern Kindern mit Steinen beworfen. Die Eltern der Kinder standen lachend daneben.[121] Auf dem täglichen Weg zur Halle 24 begegneten die Häftlinge den deutschen Belegschaftsangehörigen und anderen Zwangsarbeitern. „Arbeiter aller Nationalitäten teilen diesen Weg mit uns, grobschlächtige Deutsche von auffallendem Wuchs, hagere Berliner mit dem unvermeidlichen grünen Hut, geschmückt mit einer Feder oder einem Pompon. Wir begegnen Russinnen, klein und plump, mit pausbäckigen Gesichtern, die das landesübliche Kopftuch einrahmt, dem blonden Polen mit dem blassen, bartlosen Gesicht, und dann entdecken wir überrascht zwischen diesen Leuten, die in Freiheit sind, die grüne Uniform von arbeitsverpflichteten Jugendlichen."[122] Unterwegs mussten die Häftlinge deutsche Marschlieder singen. Die geringsten Anlässe, wie zum Beispiel die Kontaktaufnahme zu Passanten, nutzten die SS-Aufseherinnen, um mit Stockschlägen die Häftlinge zu traktieren. Um in die „Deutschlandhalle" zu gelangen, mussten die Häftlinge und ihr Begleitkommando die Werkswache am Südtor passieren. Die Grenze des Firmengelän-

---

119   Mallet, Zeichen, S. 306.
120   Dietrich, Zwangsarbeit, S. 107.
121   Dietrich, Zwangsarbeit, S. 100.
122   Mallet, Zeichen, S. 307.

des wurde mit Stacheldraht gesichert. Der Haupteingang lag am Nordtor. Weitere Zugänge zum Werk waren das West- und Osttor. Jeder dieser Eingänge besaß ein Wachgebäude. Die Werkswache wurde durch den firmeneigenen Werkschutz gestellt. Diese Männer boten in ihrer dunkelblauen Uniform und ihren Hakenkreuzarmbinden einen martialischen Anblick. Sie waren mit Kleinkarabinergewehren bewaffnet. Der SS-Kommandoführer musste an der Wache entsprechende Papiere vorzeigen. Erst dann konnten die Häftlinge das Werksgelände betreten.[123]

Im November 1944 brannten zwei Baracken im Standort Ludwigsfelde vollständig ab: „Als wir ankamen, Ginette starr vor Entsetzen an meinem Arm und ich mit klappernden Zähnen, stellten wir ganz einfach fest, dass der Block völlig zerstört war; wo er gestanden hatte, befand sich nur etwas kaum zerwühlte Schlacke und ein abscheulicher Schwefelgeruch durchzog das ganze Lager."[124] Die Reste der abgebrannten Barackenbauten sind auf einer Luftbildaufnahme der Amerikanischen Luftwaffe vom März 1945 zu sehen (Abb.2). Daraufhin wurden ein Teil der KZ-Häftlinge an ihrem Arbeitseinsatzort in der Halle 24 auf dem Werksgelände untergebracht: „Einige Tage nach diesem besonderen tragischen Ereignis mussten wir uns endgültig in der Fabrik einrichten, wo man kurzfristig einige Räume hergerichtete hatte."[125]

Die Halle 24, eine riesige Montagehalle, wurden von der Belegschaft wegen ihrer imposanten Größe „Deutschlandhalle" genannt. Die 60.000 Quadratmeter umfassende „Deutschlandhalle", 150m x 400m, befand sich im Südosten des Werkgeländes. Im Süden grenzte die Halle an ein Waldstück. Ein besonderes Merkmal war ihr Trapezdach. Im Osten befanden sich, wenige Meter neben der Halle, das Speisehaus 110 und das Gradierwerk 131. Westlich der Halle befanden sich das Tanklager 89 und das Trafohäuschen 43, welches im August durch den Bombenangriff zerstört wurde. Wenige Meter westlich vor der Halle verlief das Werksbahngleis. Weiter westlich, in Sichtweite, standen die Ruinen der Betriebsverwaltung und des Speisehauses 08. Beide Gebäude wurden ebenfalls im August zum größten Teil zerstört. Im Norden befand sich die Tankanlage 87 (Abb.1). Beim Bombenangriff, am 6. August 1944, waren 3/4 der Dachkonstruktion beschädigt und danach notdürftig instand gesetzt worden. Die Arbeit konnte trotz der Zerstörungen wieder aufgenommen werden. Im September wurden 700 Motoren abgenommen.[126]

Es wurde versucht, die Halle mit raffinierten Tarnmethoden vor der feindlichen Luftaufklärung zu schützen. Ein Tarnnetz umspannte das Dach. Die

---

123 Hopmann, Zwangsarbeit,S.395; Mallet, Zeichen, S. 307.
124 Mallet, Zeichen, S. 310.
125 Mallet, Zeichen, S. 310.
126 BA: R8119F/P3323.

Hallenmauer war mit Tarnfarbe gestrichen. Durch künstliche Tannen und Felsenbauten war die Halle schwer von der natürlichen Waldumgebung zu unterscheiden: „Nachdem wir zehn Minuten gegangen waren, befanden wir uns vor einem grünlichen Hügel aus schroffen Felsen, den ein junger Nadelwald überragte. Als wir näher herankommen, stellen wir zu unserer Überraschung fest, dass der Hügel aus Pappe ist und die Tannen aus Draht sind."[127] Die Halle war, wie für ein Außenlager charakteristisch, mit einem elektrischen Zaun umgeben: „Das Auffälligste der Einrichtung bestand allerdings in mehrfachen Reihen Stacheldraht". Der die Halle 24 umgebene stromführende Zaun wurde durch Daimler Benz GmbH Genshagen installiert.[128] Die Halle wurde aus der Produktionsperspektive in drei Abteilungen aufgeteilt: Neumontage, Rückmontage und Fertigmontage. Das Herzstück der Halle bildete die zentral verlaufende Motorenstraße. Daneben existierten mehrere kleine Bandstraßen. Automatische Antriebsmaschinen transportierten auf ihnen die Motoren von Arbeitsplatz zu Arbeitsplatz, von Arbeitsschritt zu Arbeitsschritt: „Alle acht Minuten wurde mir ein Motor geschickt. Ich musste auf der einen Seite zwölf Schrauben von oben und zwölf von unten festdrehen."[129] Die Fenster der Halle waren als Verdunklungsmaßnahme blau angestrichen. Die elektrische Beleuchtung ersetzte Tag und Nacht das Tageslicht.[130] Die Häftlinge wurden in Räumen der ersten Etage der Halle und in den sich unter ihr erstreckenden mehretagigen Kellerräumen untergebracht: „Wir wohnten zum Teil in einigen Räumen des ersten Stockwerkes oder in den Luftschutzkellern der Fabrik, die zentral geheizt wurden."[131] Der Korridor und die dunklen Räume der Kelleranlage wurden von den Häftlingen als „Bunker" bezeichnet. „Wir waren in einem Bunker unterhalb der Fabrik untergebracht. Auf einer Seite eines langen Korridors lagen sechs oder sieben kleine Räume. Die Größe der Räume war unterschiedlich. Fast alle Räume hatten keine Türen: „Es gab keine richtigen Zimmer, nur so kleine Kammern..., aber keine Türen. So konnte man uns jederzeit sehen und beobachten." Den größten Raum bewohnte, als Einzelperson, die Lagerälteste. Im angrenzenden Raum wohnten die weiteren Funktionshäftlinge und die Günstlinge der Lagerältesten: „Unser Zimmer war ein Sonderfall: es war mit einer Tür zum Einzelzimmer der Lagerältesten verbunden. Wir waren zu zehnt."[132] In diesem Raum gab es, neben den zweistöckigen oder dreistöckigen Betten,

---

127 Mallet, Zeichen, S. 308; Fejer, Dolmetscherin, S.324; Archiv Sachsenhausen XIV 11a Zeugenaussage Friedel Malter.
128 Mallet, Zeichen, S. 310., SH: LS221-11, Spruchgericht Bielefeld, Aussage Ernst Schumacher.
129 Dietrich, Zwangsarbeit, S. 94.
130 Mallet, Zeichen, S. 308-310.
131 Fejer, Dolmetscherin, S. 323., Es handelt sich nicht um Luftschutzkeller, sondern um die Kelleranlage der Halle 24.
132 Dietrich, Zwangsarbeit, S. 114-115, 122, 127, 130; BA: DP 2 2014.

einen Tisch. In den anderen Räumen standen nur die Pritschen: „In den kleinen Zimmern gab es keine Tische oder Stühle." 20 bis 30 Personen bewohnten eine Kammer. In den Pritschen lagen verschmutzte Strohmatratzen und mit Stroh oder Holzspan gefüllte Kissen. Als Decke diente Wollzeug. In einem Bett schliefen ein bis zwei Frauen. Die gesamte Kelleranlage wurde durch das zentrale Heizungssystem der Halle geheizt. In den Nachtstunden konnten die Häftlinge diese unbeabsichtigte Wärmezufuhr auskosten. Ein Zimmer der Kelleranlage wurde von den SS-Aufseherinnen als Wachraum benutzt: „Die SS-Frauen die uns bewachten, hatten einen eigenen kleinen Raum, in dem sie sich zu dritt oder zu viert aufhielten."[133]

Die hygienischen Verhältnisse wurden von den Häftlingen unterschiedlich dargestellt. Die Belegungszahl von Häftlingen pro Raum war im Vergleich zu den Stammlagern in der Endphase des Krieges aus hygienischer Perspektive günstig. In der Halle befanden sich auch die von der Belegschaft genutzten, sauberen Sanitäranlagen. Diese Umstände ließen zumindest Möglichkeiten für eine menschliche, sanitäre Versorgung der Häftlinge zu: „Waschraum und Toiletten befanden sich in einem Zwischengeschoss zwischen Fabrik und Lager. Der Waschraum war sehr groß. Alles war sehr sauber.

Die Toiletten waren interessanterweise ziemlich hygienisch. In einem Raum waren ca. 20-25 WCs. Die Reinhaltung der Unterkünfte und sanitären Anlagen oblag den Häftlingen."[134] Dies wurde jedoch durch die „KZ-SS", die Betriebsbelegschaft und die Häftlingshierarchie weitgehend verhindert. Einmal im Monat wurde den Häftlingen das „Duschen" erlaubt. Die Duschanlagen befanden sich drei Kilometer entfernt von der Halle 24 in einem Tannenwäldchen. Für die Häftlinge war das Duschen eine Tortur. Diese Prozedur wurde von der „KZ-SS" zur Terrorisierung der Häftlinge benutzt: „Wir kamen dort völlig erschöpft an. Nach einer Wartezeit, die immer sehr lang war, gelangten wir in das Innere des Gebäudes; dort mussten wir uns von unseren Kleidern trennen, die wir gesammelt zur Desinfektionskammer bringen mussten. Dann gingen immer fünfzig Frauen auf einmal in den winzigen Duschraum. Wir blieben kaum fünf Minuten dort und mussten nacheinander an der Aufseherin vorbei, die an der Tür Wache hielt. Es war schier unmöglich, unseren von Öl und Motorenfett getränkten Körper in so kurzer Zeit zu reinigen. Mit einer Latte in der Hand schlug die Aufseherin auf die Körper ein, die nicht sauber waren - und weiß Gott, davon gab es viele!"[135] Personen der Betriebsbelegschaft bedienten die Duschanlagen und beteiligten sich aktiv an der Quälerei der Häftlinge: „Wir zogen uns dort aus, gaben unsere Lumpen ab und stellten uns unter die Duschen. Dort stand ein Ziviler, der die Duschen bediente. Er ließ eiskaltes Wasser über uns laufen, so dass alle

---

133 Dietrich, Zwangsarbeit, S. 128.
134 Dietrich, Zwangsarbeit, S. 127, 131.
135 Mallet, Zeichen, S. 316.

davon liefen. Kurz darauf ließ er heißes Wasser aus den Duschen. Wieder konnten wir darunter nicht stehen bleiben. Er hetzte uns wie die Hunde hin und her."[136] Die sanitären Anlagen konnten von den Funktionshäftlingen auf Grund ihrer Machtposition bevorzugt genutzt werden. Andere Häftlinge, die in der Häftlingshierarchie weiter unten rangierten, mussten froh sein, sich notdürftig reinigen zu können. „Es gab sechs große Waschbecken in dem Raum, die immer voller Wasser waren.

Es wäre möglich gewesen, dort auf die Schnelle etwas zu waschen, wenn die deutschen Frauen hier nicht unumschränkt geherrscht hätten. Sobald sie ankamen, belegte jede von ihnen ein Becken mit Beschlag und legte sich nackt unter den dünnen Wasserstrahl; dann durfte niemand mehr in ihre Nähe kommen."[137]

Eine große Belastung für die Häftlinge war der starke Läusebefall. Er wurde durch die „KZ-SS" gefördert, um wiederum einen Vorwand zu provozieren, die Häftlinge zu entwürdigen und psychisch zu zerbrechen: „Bezüglich der Läuse spielte sich in etwa die gleiche Sache ab. Wir hatten keine Kämme, diese waren uns schon vor langer Zeit abgenommen worden; wir durften uns nicht gegenseitig nach Läusen absuchen, das war unhygienisch, kurzum wir durften keine Läuse haben. Die häufigen Kontrollen brachten uns Schläge und kahlgeschorene Köpfe ein."[138]

Für die KZ-Häftlinge existierte in der Halle 24 in den ersten Monaten kein Krankenrevier. Erst in den letzten Wochen vor der Auflösung des Lagers wurde ein Raum in der Bunkeranlage behelfsmäßig für die notdürftige Versorgung kranker KZ-Häftlinge genutzt. Die medizinische Betreuung übernahm eine russische Häftlingsfrau, die offenbar eine medizinische Ausbildung hatte.[139] Einmal wurden die Frauen in Genshagen mit unsauberen Instrumenten gynäkologisch untersucht. Monatlich wurden die Häftlinge auf Herz und Lunge durch einen SS-Arzt untersucht. Bei Zahnschmerzen konnte es vorkommen, dass der betreffende Häftling in eine Zahnklinik nach Oranienburg gebracht wurde.[140]

Während der körperlich anstrengenden und nicht ungefährlichen Arbeit in der Endmontage, kam es des öfteren zu Arbeitsunfällen. In der Halle 24 arbeiteten neben den KZ-Häftlingen auch Angehörige der deutschen Belegschaft. Die vom Werk angestellte deutsche Krankenschwester Maria Topolinski war für die Erste Hilfe und Behandlung leichterer Verletzungen, die bei

---

136   Dietrich, Zwangsarbeit, S. 103.
137   Mallet, Zeichen, S. 319.
138   Mallet, Zeichen, S. 319.
139   Fejer, Dolmetscherin, S. 325.
140   Mehrere Aussagen bestätigen diese Verfahrensweise, Fejer, Dolmetscherin, S.325.

Unfällen während der Arbeitszeit unter der deutschen Belegschaft sowie den KZ-Häftlingen aufgetreten waren, zuständig.

Bei diesen medizinischen Einsätzen wurden jedoch unterschiedliche Maßstäbe zwischen der Belegschaft und den KZ-Häftlingen angelegt. Das zeigte sich in der unterschiedlichen ärztlichen Behandlung beider Gruppen. Der Abteilungsleiter von Maria Topolinski, Werksarzt Dr. Karl Stalherm, ging auf die Behandlungsmaßstäbe in einem Schreiben an den Leiter der Personalabteilung, Opitz, ein: „Ihre [Topolinskis] Tätigkeit erstreckt sich in der Halle 24 lediglich darauf, bei der deutschen Stammgefolgschaft von ca. 200 Mitgliedern die Erste Hilfe und Behandlung durchzuführen. Laut Hilfeleistungsbuch sind dies 20 Fälle pro Tag. Bei den Fällen, *wo es not tut*, leistete sie Erste Hilfe bei K.Z. Häftlingen täglich 3-5 Fälle."[141] Ca. 10 Prozent der Belegschaft der Halle 24 wurden täglich ärztlich betreut. Entsprechend muss bei mindestens 1000 in der Halle 24 eingesetzten Häftlingen, aufgrund ihrer sehr schwachen körperlichen Konstitution und schweren Arbeit, von mindestens 100 behandlungsbedürftigen Häftlingen täglich ausgegangen werden: „Wir waren nur alle sehr schwach und dünn und sahen gar nicht wie Menschen aus."[142] Auf was ist die vergleichsweise niedrige Behandlungsquote der Häftlinge, ca. 0,5 Prozent, zurückzuführen? Auf der einen Seite wollte die Betriebsführung keine menschenwürdige medizinische Versorgung der KZ-Häftlinge, was die Äußerung Stalherm, Behandlung *„wo es not tut"*, zeigt. Auf der anderen Seite hatten die KZ-Häftlinge Angst, Verletzungen zu melden. Das konnte ein Rücktransport ins Stammlager und somit den Tod in der Gaskammer bedeuten. Es ist anzunehmen, dass nur KZ-Häftlinge mit besonders schweren Verletzungen notdürftig behandelt wurden: „Kurz darauf verletzte ich mir an der Maschine die Hand und bekam Temperatur, weil ich die Hand nur mit einem Lappen verbunden und weitergearbeitet hatte. Die Hand entzündete sich und ich bekam hohes Fieber. Arbeiten konnte ich nicht mehr. Dann kam der Meister und fragte, was mit mir sei, und ich weinte nur. Eine Aufseherin brachte mich ins Revier. Als ich sagte, dass ich Polin sei, gab es natürlich keinen Platz dort.

Man schnitt mir die Hand auf... und bandagierte sie mit Toilettenpapier. Bis morgens um 4.00 Uhr blieb ich dort liegen und ging dann zur Arbeit, weil alle gerade 48 Stunden arbeiteten."[143] Die nicht angemessen Behandlung der Verletzungen führte zu langfristig körperlichen Schäden bei den betreffenden Frauen.

Die in die Halle 24 verlegten Häftlinge verbrachten mit wenigen Ausnahmen 24 Stunden des Tages in der Halle. Nach dem Wecken um 5 Uhr und dem

---

141 BLAH: Rep. 75/92, Personalakte Krankenschwester Maria Topolinski.
142 Dietrich, Zwangsarbeit, S. 128.
143 Dietrich, Zwangsarbeit, S. 101.

Morgenappell in der Halle wurden sie an ihre Einsatzorte in der Endmontage getrieben. Um 7 Uhr begann die Arbeit. Die Arbeitszeit lag zwischen 12 bis 36 Stunden. Für die Nacht wurden sie oft unter Schlägen in die Kelleranlage gebracht. „Nach dem Arbeitsende mußten wir sofort in den Bunker hinab. Auf der einen Seite stand eine SS-Frau, auf der anderen Seite ein Unterscharführer. Sie schlugen mit den Stöcken nach uns und trieben uns an, deshalb eilten wir möglichst schnell nach unten."[144] Viele Häftlinge sahen in dieser Zeit kein Tageslicht und konnten keine frische Luft atmen. „Als man uns dort wegbrachte, hatten wir ganz eigenartige wilde Augen und sahen regelrecht grün aus."[145]

Die Bekleidung der Häftlinge war nicht uniform. Ein Teil der Häftlinge besaß den blau gestreiften Drillich aus den Stammlagern. Andere Häftlinge trugen Zivilkleider, die sie seit ihrer Verhaftung trugen oder die ihnen im Stamm- oder Außenlager Genshagen während der Desinfektion gegeben wurden. Die Kleidungsarten boten während der Wintermonate in der kalten Werkshalle keinen Wärmeschutz. Die Kälte während der Arbeit wurde zu einer unvergesslichen Qual: „Die Kälte sollte mir weit schlimmere Qualen bereiten....Wir hatten kaum etwas auf dem Leib, und das dünne Kleid, das ich bei der Abfahrt in Ravensbrück hatte, nutzte sich schnell ab." In der Not stopften sich die Häftlinge Papier unter die Kleider, um die Wärmespeicherung des Körpers zu erhöhen. Fiel das einer Aufseherin auf, gab es Schläge. Zur Kennzeichnung der KZ-Häftlinge wurde dem Kleidungsstück auf das Rückenteil und Vorderteil ein Kreis oder Kreuz aufgenäht.

Der Stoff unter der Markierung wurde rausgeschnitten, damit die Markierung durch die Häftlinge nicht abgetrennt werden konnte. Bei Verschleiß der Kleidung hatte diese Technik eine unangenehme Auswirkung für den betreffenden Häftling: „Nach meiner Ankunft in Ludwigsfelde waren beide farbigen Kreuze, die aus einem anderen Stoff waren, schon beinahe verschwunden. Übrig blieben zwei große Löcher auf Vorder- und Rückseite meines Kleides. Wie sollte ich diesem Mißstand abhelfen? Ich entwendete zwei große Bogen Wellpappe, das einzige, was da war, hielt einen nach vorne, den anderen nach hinten und befestigte das ganze mit einen Draht."[146] Die Häftlingsnummer und der Winkel für die Häftlingskategorisierung wurde von Häftlingen selbst an die Kleidung angebracht: „Das Wunder geschah; am selben Abend hatte ich die Nummer 8224, mit Kopierstift geschrieben, neben einem mit Buntstift rot angemalten Dreieck aufgenäht".[147] Die Kleidung, die an die Häftlinge ausgegeben wurde, stammte aus einer Altkleidersammlung. Darunter befanden sich neben Alltagskleidung auch Abendkleider. Der Anblick

---

144 Dietrich, Zwangsarbeit, S. 130.
145 Dietrich, Zwangsarbeit, S. 101.
146 Mallet, Zeichen, S. 314.
147 Mallet, Zeichen, S. 306.

der ausgemergelten, zum Teil kahlrasierten Frauen beim Morgenappell, teils in Sträflingskleidung, teils in Zivilkleidung, darunter Ball- und Abendkleider, mit selbstgebastelten Nummern und Winkeln, mit notdürftig geflickten Kleidungstücken, welche das Aussehen eines Faschingskostüms annahmen, dazu die schreienden und schlagenden Aufseherinnen, war mehr als grotesk. Als Schuhwerk dienten den Häftlingen in vielen Fällen die im KZ verteilten Holzschuhe, die während des täglichen Marsches zur Werkshalle höllische Schmerzen an den wund gelaufenen Füßen verursachten. Einige Häftlinge hatten Glück und konnten ihr privates bequemes Schuhwerk tragen: „Ich besitze noch das Paar solider, praktischer Sportschuhe, das ich bei meiner Verhaftung trug."[148] Für viele Häftlinge dominierte der Hunger den Alltag. Das Essen wurde in der Halle 24 durch Daimler Benz gestellt: „Die Verpflegung war in der Verantwortung des Werkes, aber mit gewissen Vorschriften, nicht zu üppig, und wurde in Küchen des Werkes hergestellt.

Die Frauen haben das Essen an ihren Arbeitsplätzen eingenommen, an der Werkbank sozusagen. Es wurde in die Werkshalle geliefert."[149] Am Morgen bekamen die Häftlinge Brot und Kaffee: „Zum Frühstück und zum Abendessen gab es eine Tasse Kaffee. Dazu gab es den gesamten Tag 120-130 Gramm Brot."[150] Zur Abendzeit erhielten die Häftlinge eine Suppe. Den meisten Häftlingen sind die Mehlwürmer, die in der Suppe schwammen, in der Erinnerung geblieben: „Etwas später verwöhnte man uns mit Madensuppen. So nannten wir eine Suppe aus verdorbenem Korn, in dem die Würmer alles Eßbare ersetzt hatten. Die Säcke stammten aus einem Lagerbestand, den man wirklich beim besten Willen nicht mehr dem Vieh geben konnte."[151] Die Häftlinge, die im Barackenlager in Ludwigsfelde untergebracht waren, erhielten die Suppe aus der dort existierenden Küche: "Abends gab es im Lager Suppe aus Steck- und Futterrüben. Im Lager gab es eine Küche."[152] Das Essen wurde aus großen Kübeln verteilt. Die SS-Aufseherinnen missbrauchten ihre Macht zur Terrorisierung der Häftlinge bei der Essenausgabe: „Es kam sehr darauf an, welche Aufseherinnen aus Ravensbrück [*Standort Ludwigsfelde*] mitkamen. Manche legten es darauf an, die Suppe zu verschütten, oder man bekam die Kelle über den Kopf und zog mit leerer Schüssel ab."[153] Die Suppe wurde in Schüsseln aus weißem Steingut ausgeteilt. Mit der Zeit gingen einige Schüsseln zu Bruch, so das sich mehrere Häftlinge eine Schüssel teilen mussten. So kam es oft vor, dass einige Häftlinge keine Suppe erhielten. Auf

---

148 Mallet, Zeichen, S. 307.
149 Stadtmuseum Ludwigsfelde: Bericht Sommer.
150 Dietrich, Zwangsarbeit, S. 95.
151 Mallet, Zeichen, S. 314.
152 Dietrich, Zwangsarbeit, S. 107.
153 Dietrich, Zwangsarbeit, S. 93. Die Aufseherinnen kamen nicht aus Ravensbrück, sondern aus dem Teil des Außenlagers in Ludwigsfelde.

Anweisung des Kommandanten wurden neue Näpfe geliefert. Das neue Geschirr für die Häftlinge war ein Symbol der Demütigung der KZ-Häftlinge: „Ach, was für eine Enttäuschung, als man die neuen Näpfe sah: sie sahen einer Tortenbodenform zum Verwechseln ähnlich und gaben Anlass zu Kommentaren wie: ‚Aber in diese flache Teller geht gar nichts rein'."
Die Häftlinge wussten sich jedoch zu helfen: „Wir paßten sie an unsere Lebensweise an....Ganz nah am Rand wurden zwei Löcher gebohrt, durch die ein Drahtstück geschoben wurde, so daß wir den Teller an unseren Gürtel aufhängen konnten. Bearbeitete man den Boden mit dem Hammer, gelang es die Ränder anzuheben... Aus einer Tortenbodenform wurde so nach und nach eine Kuchenform."[154] Einigen Häftlingen gelang es, ihre notdürftigen Essenrationen zu ergänzen. Die Funktionshäftlinge konnten durch ihre Machtstellung ihren Lebensmittelbedarf am ehesten decken. Die Lagerälteste und die Küchenhäftlinge teilten einen Teil der Häftlingsverpflegung großzügig unter sich auf. Einige Häftlinge tauschten mit Arbeitern aus der Stammbelegschaft Utensilien gegen Brot. Ein 14-jähriges Mädchen stahl Kartoffeln aus der SS-Kommandantur. Andere Häftlinge aßen die Abfälle der Werksküche: „Wir stahlen uns auf den Hof hinaus, wo wir in der Nähe der Küche einen Haufen Rübenschalen erspähten....Wir liefen hin und nahmen uns von den Schalen etwas mit."[155] Das Essen, geliefert durch die Daimler Benz GmbH Genshagen, bot den Häftlingen nicht, wie nach dem Krieg durch die Firmenvertreter behauptet, die erforderlichen Nährwerte. Die Häftlinge litten an Untergewicht. „Ich war psychisch und physisch völlig erledigt. Ich wog noch 36 Kilogramm. Als Folge der KZ-Arbeit und der Unterernährung habe ich Tbc."[156] Schläge und Tritte gehörten zur alltäglichen Gewalt, der die Häftlinge ausgesetzt waren. Als Täter traten die Lager-SS, Teile der Betriebsbelegschaft sowie einige Funktionshäftlinge auf. Als Schlaginstrument diente den meisten Aufseherinnen und dem Kommandoführer ein Stock, einige besaßen eine Reitpeitsche. Geprügelt wurde bei jeder Gelegenheit, beim Antreten zum Appell, bei der Essenausgabe, bei der Arbeit oder beim Duschen. Gründe fanden die Täter immer. Ein weiteres Terrorinstrument war der Wachhund des Kommandoführers, den er auf Häftlinge hetzte. Einige Häftlinge mussten wegen Bisswunden behandelt werden.

Eine weitere Form der Demütigung war das Kahlrasieren des Kopfes. Jede Handlung, die dem Häftling das Leben erleichterte, zum Beispiel sich am Ofen wärmen, wurde von der „KZ-SS" als Straftat angesehen. Als Folge wurde oft auf den Häftling eingeschlagen und ihm der Kopf geschoren. Es gab jedoch noch Steigerungsformen der physischen und psychischen Gewalt. Im Barackenlager in Ludwigsfelde existierte ein Strafblock: „Der Strafblock

---

154 Mallet, Zeichen, S. 314.
155 Dietrich, Zwangsarbeit, S. 102, 107, 116; Mallet, Zeichen, S. 313.
156 Dietrich, Zwangsarbeit, S. 33.

war ein Ort ausgeklügelter Foltern; es gab davon verschiedene Arten, aber ich erinnere mich noch, dass Mithäftlinge ihn als Verlies ohne Luft und Licht beschrieben haben, das zu drei Vierteln mit Wasser gefüllt war. Man musste sich mit den Händen an Stangen unter der Decke festhalten und so über lange Stunden hängen bleiben; wenn die Kräfte nachließen bedeutete das den Sturz ins Wasser und den sicheren Tod."[157] Aber auch einige Funktionshäftlinge die sich zu willfährigen Terrorinstrumenten der SS entwickelten, peinigten ihre Opfer: „Während dieses kurzen Aufenthalts sah ich vier Polinnen, die dazu [durch die Kapos A. d. A] verurteilt waren, lebendig begraben zu werden. Die Unglückseligen waren einen Großteil der Nacht damit beschäftigt, vor dem Block ihr Grab zu schaufeln. Am Morgen mussten sie sich in die Grube legen; so ließ man sie über eine Stunde in Wasser und Schlamm liegen, und ich stelle mir bis heute vor, was in den Köpfen dieser Gemarterten vorging, die ihren sicheren und unausweichlichen Tod erwarteten."[158] Ein Todesfall im Außenlager Genshagen wird von mehreren Aussagen bestätigt. Demnach starb eine russische KZ-Insassin durch den stromführenden Stacheldraht, der die Fabrik umgab. Ob es sich bei diesem Tod um Mord, Selbstmord oder einen Fluchtversuch handelte, ist nicht aufzuklären. Die Häftlinge mussten auf Befehl des Kommandoführers an der im Draht hängenden Leiche vorbeimarschieren. Diese Demonstration diente der Abschreckung der Häftlinge vor Fluchtversuchen.[159] Trotz dieser offensichtlichen Morddrohung versuchten zwei Häftlinge die Flucht: „Zwei Häftlingen gelang in Zivil vorläufig die Flucht. Sie verirrten sich jedoch auf dem Werksgelände und wurden aufgegriffen. Ihr Schicksal ist mir unbekannt."[160] Des Weiteren wurden in einem Massengrab bei Ludwigsfelde 15 ermordete KZ-Frauen gefunden: „... wurden noch mehrere Massengräber festgestellt, bei denen zu vermuten ist, dass es sich bei den dort bestatteten Leichen um ehemalige weibliche KZ-Insassen des Werkes Daimler Benz handelt. Die Zahl der dort bestatteten weiblichen Personen wurde bisher auf ca. 15 geschätzt."[161] Fünf dieser Häftlinge wurden per Kopfschuss getötet: „Aus dem Sezierbefund, welcher dem Vorgang beigefügt ist, ist ersichtlich, dass 5 dieser Häftlinge einwandfrei durch Kopfschüsse ermordet worden sind." Als Täter wurde der Werkschutzleiter der Daimler

---

157 Mallet, Zeichen, S. 306.
158 Mallet, Zeichen, S. 306.
159 Mallet, Zeichen, S. 311;BA: DP 3 2014 , Aussage SS-Aufseherin Wilm, Aussage KZ-Häftling Janina Rucinska.
160 DP 3 2014 , Aussage SS-Aufseherin Ida Kühn.
161 SH: LS221-11, Tagesmeldung Landeskriminalamt Mark-Brandenburg 19.April 1947.

Benz GmbH, William Knoll, vermutet. Eine Aufklärung des Tatherganges des Massenmordes gelang bis heute nicht.[162]

---

162 SH: LS221-11, Landeskriminalpolizeistelle Kriminaldiensstelle Teltow an das Spruchgericht in Bielefeld, 16.6.1947.

7. Die KZ-Arbeit, Ökonomie oder Auspressung?

Tendenziell blieb der wirtschaftliche Nutzen für die Unternehmen, die KZ-Häftlinge einsetzten, weit unter den Erwartungen. Die Qualität und Quantität der durch die Häftlinge produzierten Güter lag auf niedrigem Niveau. Die Arbeitskraft der Häftlinge war für die Industrieunternehmen oft ohne Wert. [163] Treffen diese Aussagen auf die Arbeit im Außenlager Genshagen zu? Und wenn dem so war, warum hat die Daimler Benz Genshagen GmbH Häftlinge in der Produktion eingesetzt? Wie war das Verhältnis zwischen Belegschaft und Häftlingen? Nach dem schleppenden Produktionsbeginn unter Einsatz der Häftlinge im Monat Oktober 1944 stieg die Produktionszahl von 410 Motoren im November auf 602 Motoren. Im Dezember erfolgte noch einmal eine Steigerung auf 700 Motoren.

Diese Leistung wurde unter unmenschlichsten Arbeitsbedingungen für die Häftlinge erbracht. Ihre Arbeitszeit wurde von 11 Stunden auf bis zu 36 Stunden verlängert. Die unterernährten und unter der Kälte leidenden Häftlinge mussten in dieser Zeit oft auf die einzige Ruhepause vom Terror, ihren Nachtschlaf, verzichten. Mit surrealen Methoden versuchte die Betriebsführung die Müdigkeit der Häftlinge zu bekämpfen: „Ich erinnere mich daran, daß im Februar oder März 1945 junge Luftwaffensoldaten mit Akkordeons zwischen den Motorenreihen hindurchgingen und spielten, damit wir nicht einschliefen." Als diese Maßnahme die Häftlinge nicht vom Schlafen abhielt, musste ein Häftling, eine ausgebildete Sängerin, Opernarien und Lieder singen.[164] Die KZ-Häftlinge arbeiteten als Hilfsarbeiter unter der Anleitung eines Belegschaftsangehörigen. Die SS-Aufseherinnen, die theoretisch mit der Beaufsichtigung der Arbeitsleistung der Häftlinge beauftragt waren, wurden in der Arbeitszeit in ihrer Funktion durch die Belegschaftsangehörigen ersetzt, die als Spezialisten für die Motorenmontage die Arbeitsleitung einschätzen konnten: „Während der Arbeit waren wir der SS und den deutschen Meistern unterstellt."[165] Die Macht über die Häftlinge musste die SS in dieser Zeit mit den Belegschaftsangehörigen teilen. Diese konnten den KZ-Alltag der Häft-

---

163 Setkiewicz, Monowitz, S. 587-591, Setkiewicz legt dar, wie das IG Farben Management die terroristische Behandlung der Häftlinge nicht grundlegend ablehnte. Alle Maßnahmen der IG Farben zeigten das letztendlich die Häftlinge an sich keinen Wert für die Betriebsführung hatten. Das Ziel der Produktionssteigerung war nicht zu erreichen, da das KZ-System eine bessere Behandlung der Häftlinge nicht zuließ. Das IG Management unterschied sich in den Auspressungsmethoden der Häftlinge nicht wesentlich von der SS., Siehe auch, Wagner, Produktion, S. 76.
164 Dietrich, Zwangsarbeit, S. 100, 98.
165 Dietrich, Zwangsarbeit, S. 101. Neben den deutschen Daimler-Mitarbeitern, arbeiteten auch ausländische Zwangsarbeiter und Zivilangestellte, wie zum Beispiel Tschechen und Polen in der Halle 24. An den Prüfständen waren des Weiteren Luftwaffensoldaten beschäftigt.

linge erleichtern. Mit dem Einsatz der KZ-Häftlinge an einem Arbeitsplatz in der Privatindustrie wurden jedoch „ganz normale Vertreter" der deutschen Gesellschaft Träger des KZ-Systems. Die Machtteilung verlief nicht unproblematisch: „Eines Tages hatte er [Vorarbeiter A. d. A.] einen Wortwechsel mit einer Aufseherin. Sie war ein junges Mädchen von etwa zwanzig Jahren, die offensichtlich nichts von Montage verstand. Sie wollte in rüder Weise Vorschläge erteilen; Herrmann bat sie kühl, nicht ihre Kompetenzen zu überschreiten. Als sie ihm den Rücken gekehrt hatte, blieb ihm nicht mehr Zeit, einen Blick voll tiefer Verachtung der ihr galt, vor uns zu verbergen."[166]

Kam es zum Streit zwischen SS und Daimler Benz um Produktionsmethoden, ein versuchter Eingriff der SS-Aufseherin in den Arbeits- und somit Machtbereich eines Belegschaftsangehörigen, so konnte dieser sich gegenüber der SS durchsetzen. Für eine bessere Behandlung oder gar Beendigung der KZ-Arbeit der Häftlinge setzte sich kein „Gefolgschaftsmitglied" mit dieser Konsequenz ein.

In der Halle 24 arbeiteten neben den 200 Zivilarbeitern von Daimler Benz ca. 1100 Häftlinge. Jeden Tag sahen die Daimler-Angestellten die ausgezehrten Häftlinge an ihrem Arbeitsplatz, sahen ihre unmenschliche Behandlung durch die SS. Jeden Abend kamen sie von der Arbeit nach Hause und erzählten im Kreis ihrer Familie von der KZ-Arbeit. Es gab aus den Reihen der Belegschaft keinen öffentlichen Protest an diesem Einsatz, es gab keine Forderungen, dieses offensichtliche Verbrechen einzustellen. Viele Motive spielten für dieses Verhalten eine Rolle. Die Ideologen verstanden das KZ-System als Konsequenz ihres rassistischen Gefühlsmusters. Für die Opportunisten hatte die persönliche Karriere einen höheren Stellenwert als eine eventuell bestehende Kritik an den Verbrechen: „Ich ahnte, dass Herrmann [Vorarbeiter eines Häftlings A. d. A] der Typ eines Deutschen war ... gelähmt in seinem vielleicht ansonsten aufrechten und großzügigen Wesen durch den Egoismus eines Mannes, der eine gute Arbeit oder ein einträgliches Amt besitzt, die er aufs Spiel setzten würde."[167] Die politisch Naiven empfanden dieses System als von oben verordnete Normalität und versuchten sich in ihrer Staatsgläubigkeit zu beruhigen: „Eine deutsche Arbeiterin dachte von uns, daß wir Diebe und Einbrecher wären. Daß man uns einfach weggeschleppt hatte, konnte sie nicht glauben."[168]

Es gab Belegschaftsangehörige, die dem Gefühl ihrer Machtstellung erlagen und das Schicksal der ihnen ausgelieferten KZ-Frauen in ihre privaten Animositäten mit den SS-Aufseherinnen unheilvoll verstrickten: „Als eine Aufseherin seine Zigaretten versteckt hatte, beschuldigte er eine Frau vom klei-

---

166 Dietrich, Zwangsarbeit, S. 309.
167 Mallet, Zeichen, S. 309.
168 Dietrich, Zwangsarbeit, S. 120.

nen Band des Diebstahls, verlangte, daß man uns für diese Woche das Brot entziehen sollte, und hatte damit Erfolg."[169] Ein Unrechtsbewusstsein war in jeder Gruppe unterschiedlich stark ausgeprägt.[170] Letztendlich wurde vom größten Teil der Belegschaft das rassistische Handlungsmuster aktiv oder inaktiv akzeptiert. Nur wenige zeigten Nächstenliebe und Solidarität und halfen den Häftlingen durch kleine menschliche Gesten: „Kontakt hatte ich nur zu einer hochgewachsenen Deutschen aus Berlin. Sie arbeitete neben mir als Vorarbeiterin. Sie hat mir öfters ein Stück Brot in den Mantel gesteckt."[171] Dieses Verhalten ist umso höher einzuschätzen. Das KZ-System, die letztendliche Konsequenz des NS-Staates, war mitten in der Mitte der Gesellschaft angekommen. Ab dem Monat Dezember 1944 liegen von der Daimler Benz GmbH Genshagen keine Produktionszahlen an Motoren mehr vor. Mit großer Wahrscheinlichkeit wurden seit Dezember keine Motoren mehr zur Abnahme durch die Luftwaffe produziert. Die Montage wurde um ihrer selbst Willen zur Aufrechterhaltung des Produktionscharakters durchgeführt. Durch den akuten Treibstoffmangel in Deutschland wurden mindestens seit Februar keine Testläufe der Motoren mehr durchgeführt. Die Luftwaffe nahm daher keine Motoren von Daimler Benz in Genshagen ab. Aber schon in den Monaten zuvor wurde in der Halle 24 unproduktiv gearbeitet: „Zum Anfang wurde sehr streng darauf geachtet, daß wir keine fehlerhaften Teile mehr einbauten. Der Rest wanderte in den Ausschuß.

Im Laufe der Zeit änderte sich das und wir stellten fest, daß Teile, die früher zum Ausschuß zählten, jetzt verarbeitet wurden. Wir sagten dann froh: ‚Na das wird bestimmt nicht fliegen'."[172] Eine weitere Quelle bestätigt diese Arbeitsweise: „Am Anfang meiner Arbeit bei Daimler kamen Motoren mit immer neuen Nummern -später waren es immer die selben: Die Deutschen sabotierten. Sie gaben die geflickten Motoren nicht raus, sondern machten sie wieder kaputt." [173] Warum diese aus ökonomischer Sicht unsinnige Produktionsweise? Der Einsatz ist im Kontext der Absicht der Daimler-Benz-Führung zu sehen, die Kapitalanlagen in Form von Maschinen und Facharbeitern für die Nachkriegszeit zu sichern. Die Werksverlagerung „Goldfisch" wurde aus der Daimler-Perspektive vor allem für die Kapitalsicherung ge-

---

169 Mallet, Zeichen, S. 312.
170 Ein Unrechtsbewustein existierte bis in die Gruppe der Hauptverantwortlichen der NS-Verbrechen , Adolf Hitler: „Ob recht oder unrecht wir müssen siegen. Das ist der einzige Weg. Und er ist recht, moralisch und notwendig. Und haben wir gesiegt, wer fragt uns nach der Methode. Wir haben soviel auf dem Kerbholz, dass wir siegen müssen, weil sonst unser ganzes Volk, wir an der Spitze mit allem, was uns lieb ist, ausradiert würde." Kershaw, Ian: Hitler 1936-195, 2. Band, München 2002, S.509-510; Jäger, Verbrechen.
171 Dietrich, Zwangsarbeit, S. 113.
172 Dietrich, Zwangsarbeit, S. 125.
173 Dietrich, Zwangsarbeit, S. 121-122.

nutzt. Der verheerende Bombenangriff am 6. August auf Genshagen bestätigte diese Vorsichtsmaßnahmen. Große Teile des Werkes wurden zerstört. Es gab Verluste unter den Zwangsarbeitern und deutschen Facharbeitern. Die Betriebsführung beklagte zum Beispiel den Tod von nicht zu ersetzenden Facharbeitern wie „Einrichtern". Im Werk in Obrigheim wurden phasenweise Motorenteile produziert. Die schlechten Klimaverhältnisse in den Stollenbauten, die hohe Luftfeuchtigkeit, wurden von der Daimler Benz AG gerne als realer Vorwand genutzt, die Produktion einzustellen. In dieser Phase des Produktionsstillstandes kann der Stollen in Obrigheim als sichere, vor Luftangriffen geschützte Kapitallagerstelle gesehen werden. Die Produktion in Genshagen wurde vor allem zur Erfüllung der Produktionsforderungen des RmRuK weitergeführt. Für die Daimler Benz AG war die Produktion eher von zweitrangiger Bedeutung. Sie konnte durch den Einsatz von ersetzbaren KZ-Häftlingen und Maschinen in der Endmontage, die Produktion aufrecht erhalten und ihre rüstungswirtschaftliche Funktion aus der Perspektive des NS-Regimes erhalten. Des Weiteren wurde durch die Produktion in Genshagen noch eine weitere Anzahl von Facharbeitern, humane Kapitalressourcen, vor einem Fronteinsatz und somit ihrer möglichen Vernichtung gerettet.

In den Karteikarten mit Meldungen der Belegschaften zum Volkssturm sind an die hundert Mitarbeiter als Fachkraft und somit Schlüsselkraft in der Rüstungsindustrie „uk-gestellt". Sie wurden für den „Volkssturm zweites Aufgebotes" aufgestellt. Dieser kam nicht mehr zum Fronteinsatz. Die Rettung vor dem Fronteinsatz hatte für die betreffenden Arbeiter eine existentielle Bedeutung. So kann von einem stillschweigenden Einverständnis über die unproduktive Arbeitsweise innerhalb der Genshagener Belegschaft und Betriebsführung ausgegangen werden.[174]

---

174 BLAH: Rep. 75/101., Karteikarten mit Meldung der Belegschaften zum Volkssturm.

8. Die Häftlingsgesellschaft

Absondern, diffamieren, entwürdigen, zerbrechen und vernichten. Das waren die Terrorformen, die den Alltag des Konzentrationslagers Genshagen bestimmten. Die „KZ-SS", die ihr entgegen arbeitenden Funktionshäftlinge und Teile der Daimler-Belegschaft waren die Träger des Terrors; der größte Teil der KZ-Häftlinge die Opfer des Terrors. Die Stellung in der Häftlingshierarchie entschied über die Intensität des Terrors für die betreffende Person. Grundlegend muss gesagt werden, dass die soziale Zusammensetzung der Häftlinge dem Zufall der willkürlichen Verhaftung von wirklichen und angeblichen NS-Gegnern durch die SS unterlag. Im KZ waren die ehemaligen sozialen Hierarchien des Zivillebens ohne Bedeutung.[175] Zu Beginn der KZ-Haft wurden neben Adligen und Bürgerlichen ebenso Angehörige unterer Schichten auf einer Existenzstufe egalisiert, zu einer Gruppe rechtloser Menschen, der Willkürherrschaft der SS ausgesetzt. In dieser „Stunde Null" unterteilte die SS die Häftlingsgruppen nach politischen, rassischen, rassisch-biologischen, kriminellen und asozialen sowie - mit Okkupationsbeginn - nach nationalen Kriterien ein. Diese SS-Kategorisierung bildete den Ausgangspunkt für die Etablierung neuer sozialer Hierarchien und somit der Machtverteilung in der Häftlingsgesellschaft.

Die SS-Kategorisierung war jedoch nur eine idealtypische Bezeichnung nichthomogener Gruppen.[176] Die entscheidende Kategorie, die im KZ die Machtverhältnisse unter den Häftlingen bestimmte, war die Zugehörigkeit zu der Gruppe der Funktionshäftlinge. Diese Gruppe bildete die Häftlingsselbstverwaltung mit den Positionen der Lagerältesten, Blockführer, Schreiber oder Kapos im Arbeitskommando. Diese Gruppe hatte, durch ihre von der SS geliehenen Macht, gewisse Möglichkeiten, Einfluss auf den Lagerbetrieb zu nehmen. Diese Einflussnahme erhöhte ihre eigene Überlebenschance. In der Geschichte der KZs entwickelte sich ein ständiger Kampf um die Besetzung der Häftlingsverwaltungspositionen zwischen zwei Häftlingsgruppen. Diese konnten aus ihrer ursprünglich chaotischen Struktur eine gewisse Organisierung und daraus eine Interessenbündelung und Handlungsfähigkeit erzeugen sowie sich einer gewissen Gunst der SS erfreuen. Auf der einen Seite war das die Gruppe der politischen Gefangenen. In dieser Gruppe konnten vor allem die Kadergruppen der KP eine geschlossene und effektive Lagerorganisation aufbauen. Auf der anderen Seite war das die Gruppe der Kriminellen, hier vor allem der Berufsverbrecher, die aufgrund ihres „Standesbewusstseins", der „Verbrecherehre", einen sozialen Zusammenhalt ent-

---

175   Ausnahmen sind die Prominentenhäftlinge die in extra Lagerbereichen lebten und materielle Vorteile genossen bzw. humanere Behandlungen durch die SS erfuhren. Kogon, SS-Staat.
176   Kogon, SS-Staat S. 46-51. Häftlingskategorie und Sterblichkeit z. Bsp. Freund, Strukturen.

wickelt hatten. In beiden Häftlingsgruppen gab es Menschen, die ihre Macht als Funktionshäftling dafür nutzten, das Leben der ihnen ausgelieferten Häftlinge zu erleichtern oder zu erschweren.

Für die Häftlingsgesellschaft des KZ-Außenlagers Genshagen können nur sehr eingeschränkt geltenden Analysen gemacht werden. Die schlechte Quellenlage erlaubt keine Aussagen über die verhältnismäßige Zusammensetzung der Häftlinge nach den oben benannten Deskriptoren. Im KZ Genshagen befanden sich ca. 1100 weibliche Häftlinge, darunter 30 Kinder und Jugendliche im Alter von 13-16 Jahren. Drei Häftlingstransporte sind in den Quellen direkt nachzuweisen. Am 11. Oktober ging ein Transport mit mindestens 850 Häftlingen vom KZ Ravensbrück in das Außenlager Genshagen.

Am 16. Oktober ging ein Transport mit 54 Häftlingen und am 26. Oktober mit 45 Frauen von Ravensbrück nach Genshagen.[177] Neben einer großen Anzahl politischer Gefangener gab es in Genshagen eine kleine Anzahl asozialer und krimineller Häftlinge. Zu den politischen Häftlingen wurden auch alle Nichtdeutschen gerechnet. Im KZ Genshagen waren Frauen aus dem Reich, Polen, Sowjetunion, Frankreich, Tschechien, Belgien und Jugoslawien sowie inhaftierte Jüdinnen aus Ungarn. Die Sekretärin des Betriebsführers Sommer hatte einen gewissen Überblick über die Zusammensetzung der Häftlingsgesellschaft und offensichtlich auch Kontakt zu den Häftlingen: „Das waren deutsche Frauen. Da waren ja nicht nur solche, die sie in Polen und Russland und Ungarn eingesammelt hatten, da waren ja deutsche Prostituierte dabei, auch Berliner. Ich weiss noch eine, die hat einmal gesagt, wat mach ick, wenn ick hier rauskomme, geh ick wieder aufm Strich."[178] Für zwei Gruppen stehen die Inhaftierungsgründe fest. Ein großer Teil der Polinnen war nach dem Warschauer Aufstand mit ca. 60.000 Polen durch die Wehrmacht interniert, der SS überstellt und in KZs inhaftiert worden. Des Weiteren gab es eine kleine Gruppe jüdischer Ungarinnen, ca. 60 Frauen, die im Rahmen der Deportation ungarischer Juden nach Auschwitz im Dezember nach Genshagen gebracht wurden.

Die Lagerälteste wurde von der SS bestimmt. Sie vertrat das Lager vor der SS: "An der Spitze des Häftlingspersonals stand die Lagerälteste, eine schon ältere, humane Polin, die streng, aber fair und gerecht war."[179] Die Lagerälteste und ihre Entourage, meist lesbische Beziehungen, hatten materielle Vorteile gegenüber den anderen Häftlingen. Sie hatten eine bessere Unterkunft und eine bessere Verpflegung: „Ich kam zur Lagerältesten ins [Neben-] Zimmer. Wir waren dort weniger, nur zwölf. Die Betten waren aus Metall und es gab

---

177 Philipp, Kalendarium, 172,174, 312,329.
178 Stadtmuseum Ludwigsfelde: Bericht Sommer.
179 Fejer, Dolmetscherin, S. 323.

einen Tisch." Die Lagerälteste hatte Zugriff auf die Lagerverpflegung und konnte sich und ihre Günstlinge vorteilhaft verpflegen.

In diesem Zimmer war auch die Lagerschreiberin Friedel Malter, eine politische Gefangene, untergebracht. Sie war Schreiberin auf der Schreibstube und hatte freien Zugriff auf die Verwaltungspapiere und die Aufstellungen der Häftlingsbewegungen.[180] Sie konnte Einfluss auf die Einteilung der Häftlinge in die Arbeitskommandos nehmen. Häftlinge die geschont werden sollten, bekamen leichtere körperliche Arbeit zugeteilt. Diese Personen nutzen ihre Position, um das Schicksal einiger Häftlinge aus unterschiedlichen Gründen im Außenlager zu erleichtern: „Wir hatten großes Glück, daß wir mit der Schreiberin und der Lagerältesten zusammen wohnten. Sie schonten uns....Die Schreiberin war eine politische Gefangene. Beiden Frauen verdanken wir wahrscheinlich unser Leben. Ich bin ihnen noch heute sehr dankbar."[181] Andere Funktionshäftlinge nutzen ihre Position, um das Leben der Häftlinge zu erschweren. Eine weitere Machtposition in der Häftlingshierarchie war die Position der Blockältesten. Sie wurde von der Lagerältesten vorgeschlagen und war für alles verantwortlich, was im Block geschah. Sie wurde von so genannten Stubendiensten unterstützt, die von der Lagerältesten bestätigt waren. In Genshagen besetzten diese Positionen die Asozialen und Kriminellen: „Meine Stubenälteste war eine Verbrecherin mit grünem Winkel, sie hatte ihren Vater ermordet."[182] Einige von ihnen waren ein williges Werkzeug der SS und nutzten ihre Machtpositionen aus, um Gewalt an den Häftlingen auszuüben: „Emmy, Bobby, Vera, Martha, Cora und andere Schwarzwinkel waren an diesem Abend sehr aufgeregt. Das junge Opfer mußte sich der Länge nach auf einen Tisch legen, während Emmy, eine Latte in der Hand, begeistert auf sie einschlug. Anfangs schrie das unglückliche Kind, dann, als erst eine, dann mehrere Rippen brachen, wurden daraus Schmerzensschreie, danach wurden die Arme gebrochen und schließlich waren die Beine an der Reihe.

Emmy, die nun weiter auf das Gesicht einschlug, schlug ein Auge aus und machte sich einen Spaß daraus, es mit dem Stock heraus zu schälen"[183] Ein weiterer Schlüssel zur Macht war der Posten eines Kapos. In dieser Funktion hatte der Häftling den Befehl über ein Arbeitskommando. Als Aufsichtsperson wurde er von körperlicher Arbeit verschont. In Genshagen waren diese Positionen mit Häftlingen aus der Gruppe der kriminellen Deutschen sowie mit Polinnen besetzt: „Unter den deutschen Kapos gab es auch zwei sehr grobe Frauen, sie schlugen uns."[184] Die Kategorie der Nationalität spielte eine

---

180 Archiv Sachsenhausen XIV 11a Zeugenaussage Friedel Malter.
181 Dietrich, Zwangsarbeit, S. 122.
182 Fejer, Dolmetscherin, S 323.
183 Mallet, Zeichen, S. 310.
184 Dietrich, Zwangsarbeit, S. 119.

große Rolle für die Lebensverhältnisse im KZ Genshagen. Deutsche Gefangene wurden durch die SS und die Belegschaftsangehörigen bevorzugt behandelt. Eine Gruppe unter den Deutschen, die so genannten Arbeitserziehungshäftlinge, war oft nur wenige Monate im Lager: „Es gab ja auch deutsche Häftlinge, die allerdings nicht ganz so elend waren wie wir. Sie waren zu sechs Monaten oder einem Jahr verurteilt, weil sie nicht in einer Kriegsfabrik arbeiten wollten."[185] Die humanere Behandlung Reichsdeutscher spiegelte sich auch in positiven Aussagen deutscher KZ-Häftlinge über den ehemaligen Betriebsführer Sommer wider: „Und dann stellte sich heraus, daß das zwei [deutsche] Frauen waren, die als KZ-Frauen in Genshagen gearbeitet hatten, und die sehr dankbar waren, weil sie eine ganze Reihe von, wie soll ich sagen, Dinge bekommen haben, die sie vorher nicht hatten, Erleichterungen..."[186] Der soziale Kontakt der Häftlinge spielte sich in Genshagen vorrangig innerhalb ihrer nationalen Gruppe ab. Die Sprachbarriere, der Einsatz kleiner Gruppen an unterschiedlichen Arbeitsorten und die Unterbringung an verschiedenen Unterkünften begünstigten die Isolation der Häftlingsgruppen.

So hatte jeder Häftling nur einen begrenzten Wahrnehmungshorizont vom Lageralltag: „Wir waren alle in kleine Gruppen eingeteilt, so daß wir nie genau wußten, was die anderen zu tun hatten und nur mitbekamen, was sich in unserer unmittelbaren Nähe abspielte. Die Halle war so riesig, dass wir sie nicht überblicken konnten."[187]

---

185 Kogon,SS-Staat, S. 51. , Dietrich, Zwangsarbeit, S. 126.
186 Stadtmuseum Ludwigsfelde: Aussage Sekretärin Dörflinger, in: Bericht Sommer.
187 Dietrich, Zwangsarbeit, S. 124.

9. Die SS

Ein latentes Problem für den Einsatz von KZ-Häftlingen in der Rüstungsindustrie bestand in der Bereitstellung von Wachmannschaften. Die SS betrachtete die KZ-Außenlager als ihren genuinen Machtbereich. Himmler war daher bestrebt, Wachpersonal aus den Reihen der SS zu stellen. Die SS, mit all ihren Zweigen, wurde durch ihren Protagonisten, Heinrich Himmler, als Elite-Orden im NS-Staat verstanden. Ihre Mitglieder sollten aus dem „rassisch hervorragendsten" Personal bestehen. Den Dienst in den KZs sah Himmler als anspruchvollste Aufgabe im NS-Staat an, der nur die „allerbesten der besten Angehörigen des Herrenvolkes" genügten.[188] Die KZ-Wachmannschaften wurden aus der allgemeinen SS ausgegliedert und ab 1936 als SS-Totenkopfverbände bezeichnet. Theodor Eicke, der „Inspekteur der KZ und Führer der SS-Wachverbände" konzipierte das KZ als System des rationalisierten Terrors zur Bekämpfung der NS-Gegner.

Als Träger dieses Systems funktionierten die Mitglieder der Totenkopfverbände, die sich im Laufe ihrer Ausbildung und ihres Dienstes im KZ-System in geschulte und gedrillte Profis im Terror entwickelten. Zu Beginn des Krieges konstituierte sich auf Weisung Himmlers aus der SS-Verfügungstruppe, der SS-Polizei und aus den SS-Totenkopfverbänden aus verwaltungstechnischer und personalpolitischer Motivation, die bewaffnete Truppe der SS, die Waffen-SS. Die Waffen-SS sollte als Unterstützung der Wehrmacht, als Prätorianergarde Hitlers, polizeiliche Sonderaufgaben im Krieg lösen.

Während des Krieges rotierte das Personal der KZ-Wachmannschaften der „inneren Front" und der, an der „äußeren Front", kämpfenden Truppe der Waffen-SS.[189] Der Geist des „Totenkopf" wirkte sich somit auch auf die Waffen-SS aus. Himmler sah jedoch in der Waffen-SS ebenso die Organisation des politischen Soldaten, die die Wehrmacht als Waffenträger der Nation ablösen und ihren Machtbereich ausdehnen sollte. So setzte im Laufe des Krieges ein Expansionsprozess der Waffen-SS in militärischer und daraus resultierender personeller Hinsicht ein, der die Konzeption als Eliteorden in Frage stellte. Des Weiteren führte die Gründung von Außenlagern zu einer Erhöhung des Bedarfs an Wachpersonal. Zur Lösung des Personalproblems wurden Soldaten der Wehrmacht in die Waffen-SS übernommen und in den Dienst des KZ-Systems gestellt. Durch den hohen Personalbedarf rückten die rassischen und politischen Einstellungskriterien für die Waffen-SS in den Hintergrund. Daraus resultierte die heterogene Zusammensetzung der Waffen-SS und der KZ-Wachmannschaften in den letzten beiden Kriegsjahren.

---

188 Karny, Miroslav: Waffen-SS und Konzentrationslager, in: Orth, Konzentrationslager, S. 789.

189 Als „Innere Front" wurde das KZ und als „äußere Front" die Kriegsfront bezeichnet.

Männer aus den verschiedensten Nationen und Ethnien, unterschiedlich gebildet, sozialisiert und ideologisiert, wurden zu Trägern des Terrors in den KZ.[190]

Für diese Arbeit sind daher mehrere Frage zu beantworten. Welche soziostrukturellen Auswirkungen hatten diese historischen Prozesse auf das KZ-Personal im Außenlager Genshagen? Inwiefern wirkte sich dies auf die Behandlung der Häftlinge aus? Welche Gründe gab es für eine Versetzung zu den Einheiten der Waffen-SS? Wurden ehemalige Soldaten der Wehrmacht zum KZ-Dienst gezwungen? Wie waren das Wachkommando und die Gruppe der SS-Aufseherinnen verwaltungsstrukturell in die Verwaltung des KZ Sachsenhausen eingebettet? Wie gestaltete sich der Dienstalltag des Wachkommandos? Wie wurde die Gruppe der SS-Aufseherinnen rekrutiert? Welche soziostrukturelle Zusammensetzung besaß sie?

Am 1. Januar 1945 belief sich die Stärke der KZ-Wachmannschaften des KZs Sachsenhausen auf 3003 SS-Männer und 351 SS-Aufseherinnen. Am 15. Januar erhöhten sich die Zahlen auf 3632 SS-Männer und 361 SS-Aufseherinnen.[191] Die Wachmannschaften wurden durch die 2. SS-Totenkopfstandarte Brandenburg gestellt, dazu gehörte das SS-Totenkopf-Wachbatallion Sachsenhausen. Im Tagesbefehl 3/44 dieses Batallions vom 10.10.1944 wurde dem Kompaniechef der 7./SS.T.Wachbtl. neben anderen das Außenlager Genshagen disziplinarisch unterstellt.[192] Alle SS-Soldaten des Wachkommandos in Genshagen gehörten der 7. Kompanie des SS-Totenkopf-Wachbataillons Sachsenhausen an. Sie wurden im September und Oktober in diese Einheit versetzt. Der Kommandoführer des KZs Genshagen sollte dem Kompaniechef „umgehend" alle Angelegenheiten, die die Sicherheitsmaßnahmen betrafen, und alle Vorkommnisse innerhalb des Lagers melden.[193] Der Kompaniechef war somit Kommandant aller ihm unterstellten Außenlager und nahm eine zentrale Position im System der KZ-Außenlager ein. Er hatte durch seine Stellung theoretisch die volle Befugnis über alle Bereiche der ihm unterstellten Außenlager in personeller und sachlicher Hinsicht.

In der Zeit des Bestehens des KZ-Außenlagers Genshagen kann ein Kompaniechef der 7./SS.T.Wachbtl. nachgewiesen werden. Ab September 1944 besetzte diese Position der SS-Obersturmführer Kurt Ludewig. Ludewig wurde am 4.3.1910 in Schlesien geboren. Er gehörte dem evangelischen Glauben an. Ludewig war dem unteren Mittelstand zuzuordnen. Er absolvierte die Volksschule und arbeitete danach für ein Jahr in der Landwirtschaft. Mit 15 begann er eine vierjährige Ausbildung an einer Fachschule zum staatl. geprüften

---

190 Karny, Waffen-SS, S. 796-797.
191 BA: NS3/439.
192 Abkürzung für 7. Kompanie Wachbataillon.
193 BA: NS4 Sa/5.

Kulturbaumeister. Nach seinem Abschluss wurde er im Preußischen Kulturbauamt angestellt. Ludewig wurde bereits kurz nach seinem 18. Geburtstag am 1.4.1928 in die NSDAP aufgenommen. Nach dem Dienstantritt im Preußischen Kulturbauamt trat er aus der NSDAP wieder aus.

Dieser Parteiaustritt muss im Kontext der restriktiven Strafen gesehen werden, die NSDAP-Mitgliedern unter den unteren Staatsdienern von Seiten ihres Dienstherrn drohten.[194] Nachdem er die Stellung im Preußischen Kulturbauamt im März verließ, bewarb er sich im gleichen Monat für die Aufnahme in die SS. Im August 1932, in einer Zeit, als die Machtergreifung durch die NSDAP von vielen Deutschen erwartet wurde, trat Ludewig wieder in die NSDAP ein. Nach der Machtergreifung arbeitete Ludewig im Reichskulturamt Charlottenburg und danach in der Reichsumsiedlungsgesellschaft m.b.h. als Kulturbaumeister. Ludewig gehörte innerhalb der „KZ-SS" zu den SS-Führern der Wachtruppe. Das Personal der Wachtruppe war nach der Konzeption Eickes für die „äußere Bewachung" der KZs zuständig. Die „innere Bewachung" unterlag nach diesen Vorschriften dem Personal des Schutzhaftlagers. Diese Richtlinien Eickes wurden in der Praxis nicht eingehalten. Mitglieder der KZ-Wachtruppe betraten zum Beispiel bei der Verfolgung von Flüchtlingen das Gefangenenlager und beteiligten sich an Morden sowie Folterungen an Häftlingen. Mit der Entstehung der Außenlager wurden die Richtlinien Eickes per Befehl außer Kraft gesetzt. So war Ludewig auch für alle Geschehnisse innerhalb der ihm unterstellten Außenlager zuständig.[195] Ludewig kam über die SS-Junkerschule zur „KZ-SS". Die SS-Junkerschule bot Lehrgänge für „Führeranwärter" der SS. Der Lehrgang diente der Vermittlung militärfachlichen Wissens in Kombination mit der ideologischen Schulung der nationalsozialistischen Weltanschauung. Ziel war die Schaffung des „politischen Soldaten des Führers."[196] Des Weiteren absolvierte Ludewig einen Arbeitsdienst auf einer SS-Ordensburg. Er erlebte somit die pseudoreligiösen Rituale, den rassistischen Toten- und Ahnenkult der SS an exponierter Stelle. Er wurde 1941 nach seiner Einberufung zur Waffen-SS in das Konzentrationslager Sachsenhausen versetzt.

Hier war er unter anderen Kompaniechef der 4. und 7. Kompanie des SS-Totenkopf-Wachbatallions Sachsenhausen. Er war Träger des Julleuchter und des Totenkopfringes. Diese Auszeichnungen für „verdiente" SS-Männer symbolisierten die Mystifizierung der SS als verschworene rassisch reine

---

194 Kater, H. Michael: Ansätze zu einer Soziologie der SA bis zur Röhmkrise, in: Engelhardt, Ulrich: Soziale Bewegung und politische Verfassung, S. 803. Das NSDAP-Parteigericht hat diesen Druck zum NSDAP-Austritt durch den öffentlichen Arbeitgeber nicht anerkannt und Ludewigs Antrag auf das Goldene Parteiabzeichen abschlägig beschieden, BA: BDC, NSDAP.
195 Orth, Konzentrationslager- SS, S. 34-36; BA: NS4/Sa5.
196 Orth, Konzentrationslager- SS, S. 120-124.

Gemeinschaft. Ludewig war ein gewalttätiger Mensch. Er war zweimal verheiratet. Seine erste Ehe wurde auf Grund der schweren Misshandlung der Ehefrau durch Ludewig geschieden. Er hatte im Streit seine damalige Frau so zusammengeschlagen, dass sie auf der Rettungsstelle ärztlich behandelt werden musste.[197] Insgesamt absolvierte Ludewig vier Jahre Dienst im KZ-System in Sachsenhausen, in der Position eines Kompanieführers der Wachtruppen. Eine Brutalisierung der Persönlichkeit und eine Abstumpfung gegenüber dem täglichen Terror und der Vernichtung der KZ-Häftlinge ist von der Person Ludewig anzunehmen. Gewalt auszuüben gehörte zum KZ-Alltag. Das KZ-Personal trat als gewalttätiges Kollektiv auf. Durch Auszeichnungen und Beförderungen wurde die Gewalt anerkannt und hofiert. Als Regelsystem funktionierte die NS-Ideologie. Die von ihr vermittelten Feindbilder gaben das Ziel der Gewalt vor. Die Opfer waren die Häftlingsgruppen in den KZs.

Aus der organisatorischen Perspektive der SS war das Außenlager Genshagen in zwei Bereiche aufgeteilt. Für die äußere Sicherung war das männliche SS-Wachkommando zuständig: „Außerhalb der Hallen gab es die SS. Die Lagerwache wurde von der SS gestellt. Sie standen auch am Eingang unserer Fabrik."[198] Da es sich um ein Frauen-KZ handelte, wurden für den Lagerbetrieb SS-Aufseherinnen eingesetzt. Am Arbeitseinsatzort und in der Unterkunft der KZ-Frauen hatten theoretisch neben dem Kommandoführer und den Belegschaftsangehörigen nur die Aufseherinnen Kontakt zu den KZ-Frauen: „SS-Frauen holten uns im Lager ab und brachten uns in die Halle, wo sie den ganzen Tag darauf achteten, dass wir nichts taten, was man nicht durfte."[199]

Praktisch trafen die KZ-Häftlinge aber auch mit dem männlichen Bewachungspersonal zusammen und waren ihrem Sadismus ausgesetzt, wenn zum Beispiel „Arbeit" außerhalb der Halle zu verrichten war. Im Außenlager bestand eine Funktionsteilung zwischen dem Kommandoführer, Unterscharführer Friedrich Mantzel, und der 1. Aufseherin, Margarete Paesler. Der Kommandoführer war die höchste Instanz im Lager. Er hatte Zugriff auf alle Bereiche des Lagers und legte Lagerstrafen fest. Er hatte zum Beispiel die Befugnis, als einzige männliche Person in Begleitung einer Aufseherin, die Unterkünfte der Aufseherinnen und Häftlinge zu betreten. Er übernahm die tägliche Vertretung der „KZ-SS" gegenüber der Werksführung. Ihm oblagen die Verhandlungen und der administrative Kontakt mit der Daimler Benz GmbH Genshagen. Der Kommandoführer hatte somit eine zentrale Machtposition im Außenlager Genshagen, ihm unterstand faktisch das Außenlager Genshagen. Der 1. Aufseherin waren die Aufseherinnen unterstellt. Sie war

---

197 BA: BDC SSO Kurt Ludewig.
198 Dietrich, Zwangsarbeit, S. 93, 103.
199 Dietrich, Zwangsarbeit, S. 127.

in erster Linie für den Lagerbetrieb verantwortlich und meldete dem Kommandoführer. Sie war für die Stärkemeldung beim Zählappell zuständig, leitete den Betrieb der Lagerschreibstube, sorgte für den ordnungsgemäßen Ablauf des Arbeitseinsatzes, die täglichen Rapporte und die Ernennung der Funktionshäftlinge. Des Weiteren überwachte sie die Durchführung der Lagerstrafen. Die 1. Aufseherin hatte im Außenlager die äquivalente Machtposition eines Schutzhaftlagerführers im Stammlager. Der Kommandoführer meldete dem Kompaniechef der 7./ SS.T.Wachbtl. Dieser erschien zu regelmäßigen Kontrollen im Außenlager Genshagen. Der Kommandoführer genoss wegen der räumlichen Entfernung und der nur kurzen Anwesenheit seines unmittelbaren Vorgesetzten eine relative Unabhängigkeit, die seine Machtstellung stärkte. Um dieser Unabhängigkeit entgegen zu wirken, mussten die Kommandoführer ein Telefonbuch anlegen, in dem sämtliche telefonisch durchgegebenen Befehle der Kommandantur, des Bataillons oder der Kompanie verzeichnet wurden. Das Buch sollte bei jeder Inspektion durch den Kompaniechef kontrolliert werden.

Offensichtlich nutzten die Kommandoführer ihre Unabhängigkeit, um den Lagerbetrieb nach eigenen Vorstellungen zu gestalten und sich an der Häftlingsarbeit sowie an materiellen Dingen aus dem KZ-Bestand persönlich zu bereichern. Wiederholt musste der Kompaniechef der 7./ SS.T.Wachbtl. darauf hinweisen, dass die entsprechenden Außenlager ihm aufsichtsmäßig unterstellt waren, dass der Einsatz von Häftlingen für private Dienstleistungen verboten sei und dass die Kommandoführer eine zu lasche Dienstauffassung besaßen. Die SS-Männer der Wachkommandos kleideten sich „unvorschriftsmäßig", genossen während des Dienstes Alkohol und legten ihre Ausgangszeiten großzügig aus. Der Kommandoführer sollte, durch Belehrungen über die Aufgaben und Pflichten der Wachmannschaften, die Disziplin innerhalb des Kommandos gewährleisten. Neben Singen, Lesen, Waffenappell und Exerzieren gehörte eine Stunde weltanschaulicher Unterricht zum wöchentlichen Dienstplan des Wachkommandos. Zum Inhalt dieser ideologischen Belehrungen gehörte unter anderem: „die Notwendigkeit der K.L. insbesondere während des Krieges, die Notwendigkeit der intensiven Arbeit der Häftlinge, die Gefährlichkeit der Häftlinge gegenüber der Volksgemeinschaft sowie die besonderen Pflichten der Wachmannschaften und ihr Verhalten gegenüber Häftlingen." [200]

Zum Wachkommando des Außenlagers Genshagen gehörten unter der Berücksichtigung von Dienstortrotationen insgesamt zwölf Männer. Zehn Personen wurden zwischen 1906 und 1917 und zwei Personen 1922 geboren. Acht Personen wurden im deutschen Kaiserreich geboren und erlebten das Ende des Ersten Weltkrieges im Kindesalter. Sieben Personen hatten die Zeit und das Ende der Weimarer Republik als Erwachsende oder Jugendliche er-

---

[200] BA: NS4/Sa5.

lebt. Eine Person wuchs in Polen auf. Sie lebte in dem nach dem 1. Weltkrieg an Polen übertragenden ehemaligen Kreis Wirsitz. Zwei Personen wurden in der Weimarer Republik geboren und erlebten ihre Jugendzeit im Nationalsozialismus.

Zwei Personen wurden im österreich-ungarischen Kaiserreich geboren und wuchsen in der österreichischen Republik auf. Elf Personen zählten als Reichsdeutsche. Eine Person zählte als Volksdeutscher. Von elf Personen konnten weitere soziale Einordnungskriterien festgestellt werden. Fünf Personen gehörten der evangelischen, sechs Personen der katholischen Religion an. Gegenüber der Religionszugehörigkeit der Gesamtbevölkerung im Reich lag das Verhältnis umgekehrt.[201] Alle Personen blieben nach ihrem Eintritt in die SS in der jeweiligen Kirche. Elf Personen besuchten die Volksschule. Eine Person konnte als Fremdsprache polnisch vorweisen. Fünf Personen waren verheiratet, vier Personen ledig, eine Person geschieden und eine Person verwitwet. Dieses Verhältnis entsprach ungefähr dem Familienstand der deutschen Bevölkerung.[202] Zehn Personen waren im ländlichen oder kleinstädtischen Gegenden geboren und aufgewachsen. Eine Person wurde in Braunschweig geboren. Fünf Personen entstammten der Sozialschicht der Arbeiterschaft. Sechs Personen gehörten zur unteren Mittelschicht. Bei zehn Personen sind die Berufe der Väter und die Ausbildung der Söhne der selben sozialen Schicht zu zuordnen. Eine Person stieg von der Arbeiterschaft in den unteren Mittelstand auf. Alle Personen der Arbeiterschaft übten einen landwirtschaftlichen oder einen handwerklichen Beruf in einem kleinen oder mittleren Betrieb aus. Die Handwerker hofften in der Regel auf eine zukünftige Selbstständigkeit. Die Landarbeiter unterhielten oft einen landwirtschaftlichen Nebenerwerb. Bei ihnen war die Herausbildung eines „Klassenbewusstseins" und somit eine marxistische Orientierung sehr gering ausgeprägt. Sie standen subjektiv der unteren Mittelschicht näher, als dass sie objektiv zur Arbeiterschaft zählten. Insofern kann von der Gruppe des Wachkommandos aus sozialschichtlicher Perspektive von einer homogenen Gruppe gesprochen wurde.

Die untere Mittelschicht außerhalb der Großstädte galt als der Hauptträger des NS-Regimes.[203] Eine Person war Mitglied der Hitlerjugend. Zwei Perso-

---

201 Statistisches Reichsamt: Statistik des Deutschen Reichs, Berlin 1927 1941. S.25.
202 Familienstand 1939 Männlich: Ledig 48,5 %, Verheiratet 47,6 % Verwitwet 3,1 %, Geschiedene 0,8%, Reichsamt, Statistik.
203 Der Autor orientiert sich an der Zuordnung der Berufsgruppen zu Sozialschichten an Kater. Hierbei zählen zur Arbeiterschaft ungelernte Arbeiter, gelernte Arbeiter, Handwerker und Facharbeiter. Zum unteren Mittelstand gehören Handwerksmeister, nichtakademische Freiberufler, untere Angestellte, untere Beamte, Kaufleute und Landwirte; Kater, Michael H.: Methodologische Überlegungen über Möglichkeiten und Grenzen einer Analyse der sozialen Zusammensetzung der NSDAP von 1925 bis 1945, in: Mann, Reinhard: Die Nationalsozialisten. Analysen faschistischer

nen waren Mitglied der NSDAP. Eine Person wurde nach der Machtübernahme Hitlers 1933 Parteigenosse. Die andere Person, Mitglied der HJ, wurde 1939 in die Partei aufgenommen. Drei Personen gehörten der SA an. Eine Person wurde bereits 1931 Mitglied der SA in der „NS-Kampfzeit". Eine Person gehörte dem Selbstschutz Westpreußen an. Zehn Personen dienten in der Wehrmacht. Acht Personen gehörten bis zum August bzw. September 1944 zu den Erdkampfverbänden der Luftwaffe, den später zum Heer überführten Luftwaffenfelddivisionen oder der Flak in den Heimatkriegsgebieten an. Zwei Personen gehörten bis September 1944 zum Heer. Sie wurden im August bzw. September in die Waffen-SS übernommen. Zwei Personen waren seit 1933 bzw. 1939 Mitglied der SS.[204] Elf Personen versahen ihren KZ-Dienst als Wachmann. Eine Person stellte den Kommandoführer. Alle Personen wurden 1944 in das KZ Sachsenhausen versetzt. Zehn Personen leisteten bis zum Kriegsende 7 Monate Dienst im KZ-System. Eine Person, der Kommandoführer, leistete 14 Monate Dienst im KZ-System. Eine Person leistete insgesamt 44 Monate Dienst im KZ-System.

Tabelle 1 Sozialstruktur Wachkommando

Name	Geburt	Rel.	Soziale Schicht	vor. Inst.	SS-Eintritt	KZ-Dienst	NS-Org. vor KZ
Bause	1912	ev.	u. Mi.	Wehrmacht/ Heer	09.44	7. Mo.	SA
Bigalke	1916	ev.	u. Mi.		11.39	44 Mo.	Selbstschutz/SS
Freibott	1907	kath.	u. Mi.	Wehrmacht/ Luftwaffe	08.44	7. Mo.	SA
Gottschall	1906	ev.	Arb.	Wehrmacht/ Luftwaffe	08.44	7. Mo.	
Grünsteidl	1917	kath.	Arb.	Wehrmacht/ Luftwaffe	08.44	7. Mo.	
Kampe	1909	ev.	Arb.	Wehrmacht/ Luftwaffe	08.44	7. Mo.	
Katzensteiner	1908	kath.	Arb.	Wehrmacht/ Luftwaffe	08.44	7. Mo.	SA

Bewegungen, Stuttgart 1980, S.173-174; Die Wählerschaft der NSDAP z.B. in: Winkler, Heinrich August: Weimar 1918 - 1933. Die Geschichte der ersten deutschen Demokratie, München 1993, S. 506.

204 Mitgliedschaften in anderen NS-Organisationen wie z. B. der DAF können auf Grund der fehlenden Quellen nicht überprüft werden.

Kleren	1913	kath.	Arb.	Wehrmacht/ Luftwaffe	09.44	7. Mo.	NSDAP
Kohlhofer	1908	kath.	u. Mi.	Wehrmacht/ Luftwaffe	08.44	7. Mo.	
Kotschenreuter	1922	kath.	u. Mi.	Wehrmacht/ Luftwaffe	08.44	7. Mo.	HJ, NSDAP
Mantzel	1912	ev.	u. Mi.		09.33	14 Mo.	SS
Sell	1922			Wehrmacht/ Heer	08.44	7. Mo.	

Abkürzungen: Arb. Arbeiterschaft, ev. evangelisch, kath. Katholisch, Mo. Monate, u. Mi. untere Mittelschicht, vor. Inst. Vorherige Institution, Rel. Religion

Die personelle Zusammensetzung des Wachkommando im KZ Genshagen entsprach nicht mehr den erbbiologischen und rassischen Vorstellungen eines SS-Eliteordens, wie es Heinrich Himmler konzeptioniert hatte. Allgemein wurden die hohen Einstellungskriterien der SS in dem Maße relativiert, in dem sie der Expansion des Machtbereichs der SS entgegen standen. Die ursprünglichen auf Elitebildung abzielenden Einstellungsanforderungen, wie Ariernachweis und Erbgesundheit über mehrere Generationen, rassisches Erscheinungsbild, körperliche Kondition, Nationalität und politische Vergangenheit, bildeten in den letzten Kriegsjahren eine zu hohe Barriere, um den Personalanforderungen der SS-Kampfverbänden und der KZ-Wachtruppen gerecht zu werden. In der Praxis wurden die Einstellungskriterien auf ein Minimum, in der Regel auf den obligatorischen kleinen Ariernachweis, der auch beim Eintritt in die Wehrmacht und der Bewerbung in der Privatindustrie vorgelegt werden musste, reduziert. Diese Entwicklung lässt sich an der Struktur des Wachkommandos Genshagen exemplarisch nachvollziehen.

Der Eindruck, den das Wachkommando auf die Häftlinge hinterließ, bestätigt diese Feststellung: „Als wir aus dem Haupttor des Lagers heraustreten, umringen uns zahlreiche Soldaten..., die eine Waffe um ihre Schulter tragen; die langen grünen Mäntel schlagen ihnen gegen die Fersen. Diese ungefährliche Bewachungsaufgabe hat man Veteranen übertragen, die für die Front, wo die Schlacht noch tobt, nicht taugen. Sie sehen nicht besonders furchterregend aus, aber sie sind da, und wenn eine von uns versucht hätte zu fliehen, hätten sie unter dem unerbittlichen Auge der Aufseherinnen von der Waffe Gebrauch machen müssen."[205] Der Ahnen- und Germanenkult der SS galt als Versuch Himmlers, der SS einen Ordenscharakter zu verleihen, der ihn von anderen NS-Organisationen unterschied. Ein geistiges Fundament, eine „art-

---

205 Mallet, Zeichen, S. 307.

eigene Ideologie", konnte dieser Kult jedoch nicht ersetzen.[206] Das ideologische Fundament der SS bildeten, wie bei den anderen NS-Organisationen, der Führerkult, der rassische Nationalismus und die Idee vom Lebensraum im Osten. Die politischen Auswirkungen dieser einfachen Ideologie des Nationalsozialismus, in der sich im Laufe der NS-Zeit ein großer Teil der Deutschen aktiv oder inaktiv verstrickt hatte, kann unter anderem auch als der ideologische Schnittpunkt gesehen werden, der es der SS erlaubte, ehemalige Soldaten der Wehrmacht in die Waffen-SS aufzunehmen. 58 Prozent des Wachkommandos, also die Mehrheit, gehörten vor ihrer Versetzung zur SS bzw. in das KZ Sachsenhausen einer genuinen NS-Organisation an.

Der Kommandoführer, Unterscharführer Friedrich Mantzel, wurde am 6.4.1912 in Burg Stargard in Mecklenburg Vorpommern geboren. Mantzel entstammte der unteren Mittelschicht. Sein Vater war von Beruf Kaufmann, und er erlernte ebenso diesen Beruf. Nach der Berufsausbildung arbeitete er als Filialleiter. Am 1.9.1933 bewarb er sich für die Aufnahme in die Allgemeine SS. 1936 nahm er am Reichsparteitag der NSDAP in Nürnberg teil.

Am 13.3.1939 wurde er zu den SS-Totenkopfverbänden eingezogen. Seine Grundausbildung erhielt er in der 3. Kompanie des 5. SS-Totenkopf-Infanterieregiments in Oranienburg. Hier erhielt er neben der militärischen Ausbildung die praktische Ausbildung zum „Knochenbrecher" am „Kriegschauplatz" KZ. Mantzel, ein Träger des rationalen NS-Terrors, war in seinem evangelischen Glauben resistent. Er trat auch nach Eintritt in die SS nicht aus der Kirche aus. Seine Hochzeit mit seiner Frau, Elli Meinhard, erfolgte, trotz SS-Mitgliedschaft, kirchlich, ein in Himmlers Augen verpönter Vorgang. Eine Beförderung zum SS-Führer sollte nach idealtypischen Kriterien der SS nur erfolgen, wenn die betreffende Person aus der Kirche austrat und sich als „gottgläubig" bekannte. Dieses kirchenfeindliche Programm konnte sich in der SS jedoch nicht durchsetzen. Nur in der SS-Verfügungstruppe und den Totenkopfverbänden befanden sich zu Kriegsbeginn die „Gottgläubigen" in der Mehrheit.[207] Evangelischer bzw. katholischer Glauben und terroristisches Verhalten im KZ in einer Person schlossen sich nicht aus. Nach seiner Grundausbildung wurde Mantzel in das Hauptwirtschaftslager I der SS in Berlin Südende versetzt. Die Hauptwirtschaftslager unterstanden der Amtsgruppe B, zuständig für die Verpflegung, Bekleidung und Unterkunft im SS-Wirtschafts-Verwaltungshauptamtes. Die Aufgabe der Hauptwirtschaftslager bestand in der Versorgung der Einheiten der SS, der kasernierten Polizei so-

---

206 Die Suche der SS-Führung nach einem geistigen Fundament zeigt die intensive Auseinandersetzung höherer SS-Führer, wie zum Beispiel Ohlendorf, mit der Anthroposophie, in: Werner, Uwe: Anthroposophen in der Zeit des Nationalsozialismus, München 1999.

207 Hoehne, Heinz: Der Orden unter dem Totenkopf. Die Geschichte der SS, Gütersloh 1967, S. 147.

wie der Bewachungsmannschaften der Konzentrationslager mit lagerfähiger Verpflegung und der Verteilung von Marketender- und Kantinenware.[208]

Entsprechend seiner Berufsausbildung arbeitete Mantzel im Verwaltungsdienst als Lagerist. Ende 1940 wurde das Hauptwirtschaftslager II am Berlin Nordbahnhof errichtet. Hier verrichtete Mantzel seit September 1942 seinen Dienst. Im Januar 1944 wurde Mantzel zur 6. Kompanie des Wachbataillons Sachsenhausen versetzt. Schon während seines Dienstes in den Hauptwirtschaftslagern gibt es Hinweise auf ein eigenmächtiges Verhalten Mantzels.

Er erhielt einen einfachen Verweis für zwanzig verlorene Urlaubscheine, deren Verlust er erst eine Woche später meldete. Des Weiteren bekam er drei Tage Arrest für eine eigenhändige Verlängerung seines Nachturlaubes. Die Stellung als Kommandoführer in Genshagen, faktisch als Lagerkommandant, war eine relativ unabhängige Dienststellung. Diese förderte sein korruptes Verhalten. Zum Beispiel verkaufte er Versorgungsbezüge der KZ-Häftlinge auf dem Schwarzmarkt: „Der Lagerkommandant verschacherte mit Emmy als Komplizin Kleider und Lebensmittel, die für die Deportierten bestimmt waren. Die angehäuften Mengen von Kleidern und Proviant müssen für diese frühere Kriminelle eine Versuchung gewesen sein. Gemeinsam fanden sie einen Weg, diesen Vorrat in der Stadt flüssig zu machen."[209] Der Brillenträger Mantzel blieb den Häftlingen nicht nur wegen seiner Korrumpierbarkeit, sondern auch wegen seines brutalen Verhaltens ihnen gegenüber in der Erinnerung: „An einen SS-Mann mit Brille erinnere ich mich noch, weil wir seine Wohnung reinigen mußten und er uns mit seinem Knüppel und Worten angetrieben hat. Man sah ihm direkt an, was er für ein schlechter Mensch war- er hatte so böse Augen."[210] Die kleinsten Anlässe nutzte Mantzel, um seine Gewalt, die ideologisch, machtpsychologisch oder von der Tageslaune motiviert sein konnte, an den Häftlingen auszulassen. Die NS-Ideologie gab zumindestens das Opferprofil vor. Gründe für Schläge fanden sich immer: "Morgens kam der SS-Kommandant mit den SS-Frauen zum Appell, um zu kontrollieren. Wenn jemand nicht stramm stand, oder ihm sonst nicht gefiel, zog er die entsprechende Person heraus und schlug sie mit seinem Knüppel."[211] Schwäche und Hilflosigkeit eines Häftlings erweckten keine mitmenschlichen Gefühle bei Mantzel, sondern reizten ihn zu Gewaltausbrüchen: „Die Tochter einer anderen Mitgefangenen brach eines Tages auf dem Appellplatz zusammen. Sie war herzkrank, hatte Schaum vorm Mund. Ein Unterscharführer trat das Mädchen."[212]

---

208 Rechenberg, Joachim: Der „Bauch der SS", URL:http://www.berlinische-monatsschrift.de/bms/bmstxt97/9704proh.htm,Stand 21.10.2004.
209 Mallet, Zeichen, S. 313.
210 Dietrich, Zwangsarbeit, S. 114.
211 Dietrich, Zwangsarbeit, S. 107.
212 Dietrich, Zwangsarbeit, S. 110.

Eine weitere Person des Wachkommandos war bereits längere Zeit vor dem Einsatz in Genshagen Mitglied der SS. Rottenführer Otto Bigalke wurde im Deutschen Kaiserreich am 3.6.1916 in dem kleinen Ort Groß Tonin im Kreis Wirsitz des Regierungsbezirks Bromberg geboren. Dieses Gebiet gehörte nach dem Ende des 1. Weltkrieges zur Wojewodschaft Pomerellen. Bigalke wuchs im polnischen Staatsgebiet auf und gehörte zu der kleinsten ethnischen Minderheit in Polen. Die Deutschen bildeten 1-3 Prozent der Bevölkerung Polens. Im ehemaligen Regierungsbezirk Bromberg lebten 14 Prozent Volksdeutsche. In diesem relativ grenznahen Gebiet, vor allem durch Kleinstädte und Dörfer geprägt, wurde die nationale Identität bis in die 30er Jahre von traditionellen Identifizierungsmustern aufgeweicht. Kirchliche-, berufliche- oder Vereinsidentitäten schwächten einen nationalen Dualismus zwischen Polen und Deutschen ab.[213] Bigalkes Familie war evangelischen Glaubens. In Posen und Pomerellen waren 90 Prozent der Volksdeutschen Evangelen. Polen gehörte zu den unterentwickelten Ländern Europas der Zwischenkriegszeit und war ein überwiegend agrarisch geprägtes Land. Nach dem Besuch der Volkschule arbeitete Bigalke auf dem elterlichen Landbetrieb als Jungbauer. Die Hofgröße von 55 Hektar entsprach einem mittleren Bauernhof. Bigalke war dem bäuerlichen Mittelstand zuzurechnen. 70 Prozent der Volksdeutschen in den Wojewodschaften Posen und Pommerellen lebten von der Landwirtschaft. 1938 verstarb sein Vater in einer psychiatrischen Pflegeanstalt. Er übernahm im jungen Alter von 22 Jahren die Führung des Landbetriebes. Posen und die Pomerellen galten als Zentrum von pronationalsozialistischen Organisationen von Volksdeutschen. Die deutsche Minderheit wurde in dieser Region vom polnischen Staat kulturell und wirtschaftlich benachteiligt. Die Agrarkrise verschärfte die wirtschaftliche Situation der deutschen Minderheit. Existenz- und Zukunftsängste waren unter den Volksdeutschen stark verbreitet.

Bis zum Frühjahr 1939, dem Abbruch der deutsch-polnischen Beziehungen, unterstützte jedoch eine Mehrheit der Volksdeutschen bis in die völkischen Gruppen hinein den polnischen Staat. In den folgenden Monaten radikalisierte sich jedoch die Situation zwischen den Volksgruppen dramatisch. Bürgerkriegsähnliche Zustände kulminierten im „Bromberger Blutsonntag", an dem mindestens 100 Volksdeutsche durch Polen ermordet wurden. Diese spontane eruptive ethnische Lynchaktion wurde durch die NS-Propaganda zum Genozid an den Volksdeutschen aufgebauscht und lieferte den Vorwand für den systematisch durchgeführten Genozid an Zehntausenden Polen durch den Selbstschutz und die SS.[214] Trotz staatlicher Drangsalierung der Volksdeutschen konnten sich Bigalkes einen beträchtlichen Landbesitz si-

---

213 Niendorf, Mathias: Minderheiten an der Grenze. Deutsche und Polen in den Kreisen Flatow und Zempelburg 1900 – 1939, Wiesbaden 1997, S. 216-248.

214 Jansen, Christian: Der „Volksdeutsche Selbstschutz" in Polen 1939/40, Oldenbourg 1992, S.13-28.

chern und einen existenzsichernden landwirtschaftlichen Betrieb aufbauen. Mit Zugeständnissen gegenüber dem polnischen Staat konnten Angehörige der deutschen Minderheit bei der Zuteilung des bei der Bodenreform parzellierten Großgrundbesitzes beteiligt werden. Dazu gehörte die Erlernung der polnischen Sprache sowie die Absolvierung des Militärdienstes. Bigalke sprach polnisch und diente für zwei Jahre in der polnischen Kavallerie.[215] Nach der Entlassung aus der deutschen Gefangenschaft schloss sich Bigalke dem Selbstschutz Westpreußen an. Diese Miliz war ein Herrschaftsinstrument der SS in den neu besetzten Gebieten Polens. Der Selbstschutz hatte sich mit Kriegsbeginn spontan oder örtlich, durch kommissarische Bürgermeister koordiniert, aus der Gruppe völkisch orientierter Volksdeutscher gebildet. Er wurde durch die SS systematisch durchorganisiert, ihr unterstellt und für ihre rassische Ausbeutung und Umsiedlungspolitik instrumentalisiert. Die Rekrutierung durch die SS für den Selbstschutz folgte dem Prinzip einer Kombination aus Versprechungen und Druck sowie durch subtile Werbung.[216] Der Eintritt in den Selbstschutz blieb jedoch grundsätzlich freiwillig.

Ein Nichtbeitritt oder ein späterer Austritt hatte langfristig keine negativen Konsequenzen. An der Rekrutierungsmethode für den Selbstschutz wurde die spätere Personalentwicklung der SS sichtbar. Die Erreichung einer hohen Sollstärke ließ ideologische Kriterien in den Hintergrund treten. Rassische und erbbiologische Einstellungshürden wurden durch die Bestrebungen nach hohen Mitgliedszahlen und damit Machtzuwachs abgeschwächt. Die SS versuchte diesem Widerspruch zu entgehen, indem die Mitglieder nach drei Kategorien in den Selbstschutz übernommen wurden. Nur die Liste A, rassisch und gesundheitlich Geeignete, wurde später in die Allgemeine SS aufgenommen und vollzog die Spezialaufträge der SS, wie die organisierten Massenmorde. Bigalke gehörte zu dieser Kategorie. Aber auch in diesem Fall wurden die ideologischen Kriterien großzügig ausgelegt. Bigalke wurde durch den Truppenarzt des WVHA rassisch und erbbiologisch als „fraglich belastet" eingestuft. Die Mitglieder des Selbstschutzes wurden paramilitärisch und politisch geschult. Sie sollten eventuelle Unruhen niederschlagen, Suchaktionen durchführen, Objekte bewachen und dienten primär als Vollstreckungsorgan der rassistischen Vernichtungspolitik. Die Verbände waren nicht militärisch straff organisiert. Der Dienst konnte nebenamtlich absolviert werden. Es ist davon auszugehen, dass Bilgalke diese Möglichkeit in Anspruch nahm, da er den bäuerlichen Betrieb bewirtschaften musste. Als eine Art „Ersatz-Einsatzgruppen" beteiligte sich der Selbstschutz aktiv am Genozid an den NS-Opfergruppen in Polen. Im Regierungsbezirk Blomberg und

---

215 Niendorf, Minderheiten, S. 236-243.
216 So kam es zum Anschlag von Werbeflugblättern für den Eintritt in den Selbstschutz an durch Polen zerstörten Wohnhäuser von Volksdeutschen. In anderen Fällen wurde der Pass für Volksdeutsche nur denjenigen verliehen die dem Selbstschutz beitraten., Jansen, Selbstschutz, S. 23.

auch im Kreis Wirsitz kam es zu vielfältigen Mordaktionen, die auch strafrechtlich in der Bundesrepublik verfolgt wurden.[217] Bigalke wurde somit Mitglied einer Organisation, die explizit für einen Vernichtungskrieg aufgestellt wurde. Es ist davon auszugehen, dass er in dieser Zeit zumindest an einer exponierten Stelle Informationen über den Völkermord erhielt. Er hat das geistige Klima der Rassekrieger und dessen politische Folgen kennen gelernt und dies offensichtlich aus Opportunismus gestützt.

Nachdem es Bigalke gelungen war, sich im polnischen Staat durch opportunistisches Verhalten wirtschaftlich zu etablieren, bot ihm der Eintritt in den Selbstschutz und in die SS die Möglichkeit, diese Position unter der NS-Herrschaft zu behaupten.

Nicht zuletzt weist seine weitere Dienstlaufbahn darauf hin. Unter den Selbstschutzmitgliedern der Liste A wurde aktiv für den Eintritt in die SS geworben. Wer wollte, konnte hauptamtlich in der Hilfspolizei oder in den vor dem Fronteinsatz relativ sicheren SS-Totenkopfverbänden dienen. Bigalke wurde im November in die Allgemeine SS aufgenommen und als Reservist für die Waffen-SS gemustert. Bis zum 20.5.1941 bewirtschaftete er den Hof. Danach erhielt er seine Grundausbildung im 3/SS. Ersatz Batallion Nord und wurde am 1.7.1941 in das SS-Totenkopfsturmbann Buchenwald versetzt. Er diente bis zu seiner Versetzung am 27.10.1942 in das KZ Sachsenhausen in den Wachmannschaften des KZ Buchenwald und des KZ Groß Rosen. In einer Beurteilung wird Bigalkes Charakter als „offen und ehrlich" beschrieben. Seine „Weltanschauung galt als genügend gefestigt". Diese Aussage und sein niedriger Dienstgrad, trotz langer Dienstzeit, lassen auf ein Misstrauen gegenüber Bigalke seitens seiner Vorgesetzten aufgrund seiner politischen Wechselhaftigkeit schließen. Bigalke war trotz dieser Hinweise als Mitglied der Totenkopfmannschaften und mit seinem Dienst im KZ-System ein aktives Instrument des rationalen NS-Terrors. Eine Hinrichtung eines Häftlings bezeichnete er in seiner Zeugenaussage vor dem SS-Gerichtsoffizier als Fluchtversuch; eine oft benutzte Verdeckungsmethode von Mordaktionen im KZ. Der Häftling war aus dem durch seine hohe Sterbequote berüchtigtem Steinbruchkommando in die Zwischenpostenkette gelaufen: „Der Häftling setzte aber seinen Weg fort..... . Der Posten Nr. 26 rief dreimal Halt aber der Häftling kümmerte sich nicht darum, so dass der Posten Nr. 26 von seiner Schusswaffe Gebrauch machte und diesen durch einen Feuerstoß niederstreckte."

In einem weiteren Fall meldete er Häftlinge zur Bestrafung, die während eines Arbeitseinsatzes Kartoffeln gekocht hatten. Die brutalen Folgen für die Häftlinge waren für Bigalke absehbar.[218] Insgesamt leistete Bigalke 44 Monate Dienst im KZ-System. Als Wachposten des Bauhofkommandos im KZ-

---

217 Jansen, Selbstschutz, S. 111-155.
218 Jansen, Selbstschutz, S. 91-94.

Sachsenhausen und des Steinbruchkommandos im KZ-Groß Rosen hatte er die Stätten mörderischer und sadistischer Exzesse an NS-Opfern kennen gelernt. Proteste oder ein Versuch diese Verbrechen zu stoppen, sind von ihm nicht artikuliert oder versucht worden. Er war ein zuverlässiges Mitglied der SS-Kameraderie. Trotz anzunehmender Differenzen gegenüber dem NS-System akzeptierte er ohne Probleme seinen Dienst im KZ-System mit der täglichen Gewalt gegenüber den Opfern. Bigalke funktionierte als Teil des KZ-Systems: „Seine dienstlichen Leistungen genügten den an ihn gestellten Forderungen."[219]

Drei Personen gehörten der SA an. Der Sturmmann Manfred Bause wurde am 8.6.1912 im thüringischen Gotha geboren. Sein Vater war Schuhmachermeister. Der Evangele Bause absolvierte die Volksschule und erlernte den Beruf des Zapfers. Er war verheiratet und hatte zwei Kinder. Bause trat am 1.12. 1931 in die SA ein. Sein letzter Dienstgrad war Oberscharführer. Thüringen galt in der Endphase der Weimarer Republik als Hochburg der SA. Besonders in ländlich geprägten Gegenden besaß die SA eine hohe Anziehungskraft auf existentiell bedrohte Kleinbürger. Als Mitglied der untermittelständischen Berufsgruppe gehörte Bause zu einer Mehrheit in der späten „Kampfzeit-SA". Sein SA-Eintritt erfolgte in der Periode der Weltwirtschaftskrise. Die Arbeitslosenzahlenquote erreichte in Deutschland im Januar 1931 mit über 6 Millionen ihren höchsten Stand. Die Weltwirtschaftskrise stand in einem kausalen Zusammenhang zur hohen Eintrittszahl in die SA. Sie wies 1931 den größten prozentualen Wachstumsschub an Mitgliedern vor der Machtergreifung aus. Im Januar 1932 hatte die SA 291.000 Mitglieder.[220]

Die SA galt als Parteiarmee der NSDAP und unterstützte durch ihre Propaganda- und Gewaltaktionen den politischen Kampf der NSDAP um Wählerstimmen. Bause kam so schon in der NS-Kampfzeit mit nationalsozialistischen Feindbildern in Berührung.

Er kannte den engen Kameradenkreis aus Freunden, Arbeitskollegen und Sportkameraden eines SA-Sturms. Im Umfeld seines SA-Sturmes hatte er ungezügelte Gewalt gegenüber politischen und vermeintlichen Gegnern der NS-Bewegung in Form von Straßenschlachten und Saalschlachten mindestens aus Erzählungen aus erster Hand kennen gelernt.[221] Nach der Machtergreifung fand Bause eine Anstellung als Wachmann in mehreren deutschen Zuchthäusern. Bause entging somit der unter SA-Mitgliedern weit verbreiteten Arbeitslosigkeit. Er fand eine Stellung als unterer Beamter und wurde

---

219 BA: BDC, SM Otto Bigalke.
220 Reichardt, Sven: Faschistische Kampfbünde. Gewalt und Gemeinschaft im italienischen Squadrismus und in der deutschen SA, Köln 2002, S.257-258; Kater, SA, S. 800-806. BA: BDC, SS, Manfred Bause.
221 Reichardt, Kampfbünde, S. 401-403.

somit von eventuellen Abstiegsängsten befreit.[222] Der Strafvollzug in Deutschland unterlag nach der Machtergreifung den Zentralisierungs- und Gleichschaltungsbestrebungen des Nationalsozialistischen Regimes. Die ehemals rechtstaatliche Justiz, vertreten durch die Beamtenschaft des Reichsjustizministeriums, orientiert an Normen des Gesetzbuches, versuchte durch eine Instrumentalisierung des Rechts für die politischen Ziele des Nationalsozialismus, gegenüber den nur an nationalsozialistischen Maßnahmen, in Form rechtloser Gewalt, orientierten Vollzugsorganen wie zum Beispiel der Gestapo einen Rest von Rechtsstaatlichkeit zu pflegen.[223] In Folge der nationalsozialistischen Indoktrinierung wurde die Vollzugspolitik rigider. Die Gefangenenanzahl der Strafvollzüge erhöhte sich durch die große Anzahl von inhaftierten NS-Feinden. Gleichzeitig wurde die Finanzierung des Strafvollzugsystems eingeschränkt. Hygienische Verhältnisse, Ernährung der Gefangenen sowie die Moral der hochbelasteten Bediensteten verschlechterten sich.

Durch die begriffliche Trennung von „Volksgenossen" und „Gemeinschaftsfremden" wurde eine rassistische Kategorisierung in die Vollzugspolitik übernommen, in der die erstere Gruppe als besserungsfähig galt und die letztere Gruppe, wie Gewohnheitsverbrecher, Asoziale, Juden, Polen und andere Fremdvölkische, dem Machtbereich Himmlers, der Gestapo und den KZs überlassen wurde. Trotz dieser Radikalisierungstendenzen kann nicht von einer nationalsozialistischen Durchdringung des Strafvollzugs gesprochen werden. Der Strafvollzug blieb zumindest für den, sich im Laufe des Krieges vermindernden Personenkreis der „Besserungsfähigen" ein Ort in dem ein justizförmiger Umgang mit den Gefangenen gewahrt wurde.[224] Bauses Arbeitsumfeld als Wachmann im Strafvollzug bewegte sich somit in einem Rahmen des „Normenstaates". Die Ausgrenzung von NS-Feinden aus diesem Rahmen und ihre Entrechtung hat er ebenso kennen gelernt. Als Wachmann im KZ Genshagen traf er auf diese „Rechtlosen". Nach seinem Einzug zur Wehrmacht 1939 wurde er nach einigen Monaten Wehrdienst Wachmann mit dem Dienstgrad eines Oberwachtmeisters in der Sicherungs-Anstalt Gräfentonna, ab Mitte 1943 wurde Bause als Wachsoldat bei verschiedenen Tarnsportbegleitkompanien der Wehrmacht eingesetzt.[225]

---

222 Kater, SA, S. 812.
223 Ernst Frankel geht vom Phänomen des „Doppelstaates" aus. Der Maßnahmestaat, gekennzeichnet durch keinerlei rechtliche Garantien und Grenzen, beschränkte die Ausübung von Gewalt und Macht, wie zum Beispiel das System der KZs, und der Normenstaat, der rechtlichen Regeln und Zuständigkeiten verpflichtet ist, wie zum Beispiel der Strafvollzug in der Weimarer Zeit, in: Müller-Dietz, Heinz: Recht und Nationalsozialismus, Baden-Baden 2000, S. 106-107.
224 Müller-Dietz, Recht, S.127-129.
225 BA: BDC, SS, Johann Freibott.

Der Katholik Johann Freibott wurde am 3.7.1907 in Löhrieth geboren. Sein Vater gehörte zur Arbeiterschaft. Johann Freibott besuchte die Volksschule und erlernte den Beruf des Landwirts. Er arbeitete bis zu seiner Einziehung zur Wehrmacht als Landwirt. Freibott war Soldat bei den Erdkampfverbänden der Luftwaffe und nahm an der „Winterschlacht im Osten " teil. Seine SA-Mitgliedschaft ist für den 25.2.1935 nachgewiesen.[226]

Das SA-Mitglied Johann Katzensteiner wuchs in Österreich auf. Er wurde am 13.6.1908 in Mürzsteg geboren. Er war katholischen Glaubens und erlernte nach dem Besuch der Volksschule den Beruf des Schusters. Katzensteiner trat am 28.10.1939 in die SA ein, die zu diesem Zeitpunkt kein Machtfaktor im Dritten Reich mehr war.

Mit dem „Röhmputsch" im Juni 1934 wurde die Oberste SA-Führung liquidiert und die SA in Folge ihrer Funktion auf die vormilitärische Ausbildung der männlichen Bevölkerung reduziert. Die Ambitionen Röhms, mit der SA als Volksheer, die Wehrmacht als Waffenträger der Nation zu ersetzen, waren am Widerstand der Wehrmacht, der SS und nicht zuletzt Hitlers blutig gescheitert. Das SA-Führungspersonal, in Person der Führer und Oberführer, wurde ermordet bzw. entmachtet. Diese Säuberung hatte jedoch schon unter Röhm eingesetzt, indem Arbeitsunwillige, Kriminelle und „Radaubrüder" aus der SA ausgeschlossen wurden, um das Erscheinungsbild der SA nach dem „kleinbürgerlichen Ideal" der deutschen Mehrheit zu transformieren. Die Säuberungen erfassten nicht jede zwielichtige Gestalt in den Reihen der SA. Die SA funktionierte bis in die letzten Kriegstage als ein Reservoir der „Alten Kämpfer", darunter auch Personen mit krimineller Vergangenheit, die sich bis Kriegsende für Positionen in anderen NS-Organisationen erfolgreich bewarben. Die Dienstgrade der SA wurden bei Übernahme in der Regel von der neuen NS-Organisation übernommen.[227] Neben der vormilitärischen Ausbildung wurde in der SA stetig die einfache, auf Macht, Gewalt und Rassismus begründete NS-Ideologie vermittelt. Die NS-Indoktrinierung der SA-Mitglieder legte zumindest die Grundlage eines für jedes Mitglied erkennbaren rassistischen Handlungsmusters , das „gesunde Volksempfinden", nach dem jede NS-Organisation Politik betrieb. Das „gesunde Volksempfinden"

---

226 BA: BDC, SS, Johann Katzensteiner.
227 Im Zug der Recherche über die Person des Abwehrbeauftragten William Knoll wurden 3 Personen festgestellt, die als Führer der SA oder des NSKK in die SS bzw. den Öffentlichen Dienst übernommen wurden. Eine Person, ehemals NSKK-Staffelführer, wurde als Sturmbannführer in die SS übernommen. Eine weitere Person, ehemals SA-Obersturmbannführer , wurde in die SS als Obersturmbannführer aufgenommen. Ähnlich verlief es bei Bause, sein Dienstgrad des Oberwachtmeisters entsprach seinem SA-Dienstgrad Oberscharführer. Eine weitere Person, ein Sturmhauptführer, wurde zwar aus der SA entlassen, unter anderem wegen seiner kriminellen Vergangenheit, 1943 jedoch mit dem selben Dienstgrad wieder in die SA aufgenommen, BDC: SSO William Knoll, SSO Walter Hassel, SS Manfred Bause.

drückte sich in der Diskriminierung, Entrechtung, Ausraubung und Vernichtung der aus der Volksgemeinschaft Ausgegrenzten aus.

Zum Ende des Krieges gewann die SA durch den Einsatz ihrer Einheiten als Wachmannschaften in Rüstungsbetrieben oder anderer schutzwürdigen Anlagen eine größere militärische Bedeutung. Das äußerte sich nicht zuletzt in der Aufstellung der Panzerdivision Feldherrnhalle als Patenverband der SA.[228]

Zwei Personen der Wachmannschaft waren Mitglieder der NSDAP. Der am 16.10.1922 in Rentweinsdorf geborene Katholik Eberhard Kotschenreuter war ebenso Mitglied der HJ. Kotschenreuter entstammte der unteren Mittelschicht. Sein Vater war Metzgermeister. Er erlernte nach dem Volksschulbesuch ebenso den Beruf des Metzgers. Kotschenreuter war im Alter von 12 Jahren in die HJ eingetreten, in der er sechs Jahre verblieb. Die HJ unterlag dem Führerprinzip. Eine rege Teilnahme am HJ-Leben vorausgesetzt, erlebte Kotschenreuter das darwinistische Prinzip in Reinkultur. Ein pervertierter Leistungsgedanke beherrschte die Aktivität des HJ-Lebens. Viele Veranstaltungen wurde vom Wettbewerb bestimmt. Der Wettstreit im Singen, Sammeln oder Geländesport führte zum ständigen Kampf um Leistungen und Siege. Personen, die den Anforderungen nicht genügten, Schwächere, Verlierer und Minderheiten, wurden aus der „Volksgemeinschaft" ausgegrenzt. Der Leistungsgedanke verdrängte alle „moralischen Skrupel" sowie Humanität und Solidarität gegenüber Schwächeren. Diese menschlichen Gefühle waren dem „gesunden Volksempfinden" fremd. Einige Historiker grenzen diesen pervertierten Leistungsgedanken aus der NS-Ideologie aus. Der Leistungsgedanke unter Abstreifung jeglicher „moralischer Skrupel" war jedoch wesentlicher Bestandteil des NS-Systems. Letztendlich war in Hitlers Augen das Leben ein Kampf. Nur die Stärksten hatten das Recht zu überleben. Diese nihilistische Weltanschauung gipfelte letztendlich im Vernichtungskrieg gegen die Juden und den Kommunismus.

Hitler bezog diese Ideologie konsequent auf das Schicksal Deutschlands und seine persönliche Existenz: „Wenn der Krieg verloren geht, wird auch das deutsche Volk verloren sein...Es ist nicht notwendig, auf die Grundlagen, die das Volk zu seinem primitivsten Weiterleben braucht, Rücksicht zu nehmen. Im Gegenteil sei es besser, selbst diese Dinge zu zerstören. Denn das Volk hätte sich als das schwächere erwiesen, und dem stärkeren Ostvolk gehöre ausschließlich die Zukunft. Was nach dem Kampf übrigbleibe, seien ohnehin

---

228 Stumpf, Reinhard: Die Luftwaffe als drittes Heer. Die Luftwaffen-Erdkampfverbände und das Problem der Sonderheere 1933-1945, in: Engelhardt, Ulrich: Soziale Bewegung und politische Verfassung, S. 693.

nur die Minderwertigen, denn die Guten seien gefallen".[229] Mit 17 Lebensjahren trat Kotschenreuter am 1.9.1939 in die NSDAP ein. Zu diesem Zeitpunkt hatte die NSDAP-Führung ihr Elitekonzept aufgegeben. Am 1. Mai 1939 wurde eine Aufnahmesperre aufgehoben. 10 Prozent der erwachsenen Deutschen sollten Mitglieder der NSDAP werden. Mit einer Verfügung von Rudolf Hess vom 11. August 1937 sollte der Nachwuchs der Partei vor allem durch die Hitler-Jugend gestellt werden. 1939 ging jedoch die Mitgliederaufnahmequote, im Kontext der problematischen wirtschaftlichen Lage im Reich und des von der Bevölkerung ängstlich aufgenommenen Kriegsbeginns, gegenüber dem letzen Aufnahmejahr 1937 zurück. Es scheint, dass nur besonders überzeugte Nationalsozialisten in diesem Jahr den Weg zur Partei fanden. 1940, nach dem Sieg gegen Polen und Frankreich, verdoppelte sich die Aufnahmequote der NSDAP-Mitlieder gegenüber dem Vorjahr. Am 1.10.1941 bewarb sich Kotschenreuter für die Aufnahme in die SS. Er wurde nicht in die SS aufgenommen, sondern zur Wehrmacht eingezogen und diente als Soldat in einer Flakabteilung in den besetzten Ostgebieten und im Heimatkriegsgebiet.[230] Die zweite Person, der eine NSDAP-Mitgliedschaft nachgewiesen werden konnte, war der Katholik Johan Kleren. Er wurde am 21.1.1913 in Fischenich, Landkreis Köln geboren. Sein Vater stammte aus der Arbeiterschaft. Kleren absolvierte die Volkschule und arbeitete danach als Landarbeiter-Gehilfe. Kleren trat am 1.3.1933 in die NSDAP ein.

Die Eintrittswelle in die NSDAP war nach der Machtergreifung so gewaltig, dass die Partei im Sommer 1933 eine Aufnahmesperre verhängte. Die Motivation für Klerens Parteieintritt kann daher ideologische oder opportunistische Ursachen besitzen. 1940 begann Kleren seinen Wehrdienst. Nach der Grundausbildung diente er für fünf Monate im „Regiment General Göring". Diese Einheit ging aus der „Polizeiabteilung Wecke" hervor. Die PAW beteiligte sich in der Zeit der Machtergreifung aktiv an der Terrorisierung von NS-Feinden. Nach der Konsolidierung der NS-Macht funktionierte Göring die PAW zu einer persönlichen Leibgarde um. Neben Repräsentationsaufgaben und der militärischen Ausbildung übernahm die in „Landespolizeigruppe Wecke z.b.V." umbenannte PAW die Überwachung von KZs. Später wurde die Leibgarde Görings in „Landespolizeigruppe General Göring", mit der Eingliederung in die Luftwaffe in „Regiment General Göring" umbenannt. Diese Einheit kann als militärische und politische Elite bezeichnet werden, da in ihr zum größten Teil militärisch gut ausgebildete Freiwillige und NSDAP-Mitglieder dienten. Kleren wurde insofern schon früh Mitglied einer zumindest nach außen hin sichtbaren regimetreuen Gruppe. Er hat sich innerhalb des NS-Systems jedoch eine gewisse ideologische Unabhängigkeit gegenüber

---

229 Giesecke, Hermann: Die Hitlerjugend, in: Herrmann, Volksgenossen, S. 173-188; Kershaw, Hitler, S. 320-321; Bullock, Alan: Hitler und Stalin. Parallele Leben, Berlin 1993,S. 1148.
230 Kater, NSDAP, S. 179-181.

dem Nationalsozialismus bewahrt. In einer Beurteilung seines Batteriechefs 1942 wird darauf hingewiesen, dass Kleren eine Person mit „eigener Weltanschauung" sei. Wegen besonderer „Bewährung an der Ostfront" wurde Kleren zur Unteroffiziersausbildung delegiert. Nach Beurteilung der Ausbilder fehlten ihm „sämtliche Führereigenschaften". Er war zum Unteroffizier nicht geeignet. Er wurde als „sehr braver Untergebender" bezeichnet.[231]

Fünf Angehörige des Wachkommandos gehörten bis zu ihrem Dienst im KZ-System keiner genuinen NS-Organisation an. Sie dienten vor ihrer Versetzung zur SS in der Wehrmacht. Von einer Person, dem am 19.2.1922 in Lübschow geborenen Willi Sell, fehlen weitere soziale Daten.

Er diente bis zum August 1944 in der Stammkompanie des Landesschützen-Ersatz-Bataillion 2.[232] Der Evangele Willi Kampe wurde am 25.11.1909 in Braunschweig geboren. Er gehörte zur Arbeiterschaft und arbeitete nach dem Volksschulbesuch als Landarbeiter. Er wurde nach dem Beginn seines Wehrdienstes in einer Flakabteilung im Heimatfrontgebiet eingesetzt. Eine weitere Person der unteren Mittelschicht diente als Flaksoldat in der Heimat. Johann Kohlhofer wurde am 8. März 1908 in Piregg geboren und war katholischen Glaubens. Er besuchte die Volksschule und erlernte, wie sein Vater, den Beruf des Landwirtes. Zwei Personen wurden während ihrer Dienstzeit in den Erdkampfverbänden der Luftwaffe an der Ostfront eingesetzt. Leopold Grünsteidl wurde am 21.8.1917 im Habsburger Reich in Heidn geboren. Sein Vater gehörte als Landarbeiter zur Arbeiterschaft. Der ledige Katholik erlernte den Beruf des Landarbeiters, nachdem er die Volksschule besucht hatte. Kurz vor Kriegsbeginn wurde er zum Wehrdienst eingezogen. Johann Gottschall wurde am 18.6.1906 in Ibersheim als Sohn eines evangelischen Metzgers geboren. Er besuchte die Volksschule und erlernte den Beruf eines Landarbeiters. Er gehörte der Arbeiterschaft an. 1940 wurde er zum Wehrdienst eingezogen.

Die deutschen Soldaten der Wehrmacht waren bis zum Kriegsende zum größten Teil unerschütterliche Anhänger Hitlers. Sie kämpften bis zum Tod des Führers „wie wilde Fanatiker".[233] Als Mitglieder der deutschen Gesellschaft hatten die deutschen Soldaten schon vor ihrem Wehrdienst die jahrelange Diskriminierung der Juden und anderer NS-Feinde im Reich, ihre Entrechtung und Vernichtung kennen gelernt. Ein großer Teil hatte sich, aus politischer Überzeugung oder der persönlichen Karriere wegen, aktiv an den Verbrechen beteiligt oder diese passiv begrüßt bzw. sie aus Staatsgläubigkeit, Desinteresse oder Ablehnung inaktiv hingenommen. Nur eine Minderheit der deutschen Bevölkerung beteiligte sich aktiv an der Hilfe für Opfer des

---

231   BA: BDC, SS, Johann Kleeren. Stumpf, Luftwaffe, S. 859-888.
232   Schreiben Deutsche Dienststelle WASt an Autor, vom 07.09.2004.
233   Fritz, Stephen G.: Hitlers Frontsoldaten. Der erzählte Krieg, Berlin 1998, S. 292-294.

NS-Regimes, obwohl eine Bestrafung bei Hilfestellungen nicht zu befürchten war.[234]

Moralische Grundsätze, wie Solidarität und Nächstenliebe, Formen der Liebe, wie sie Arbeiterbewegungen bzw. Kirchen vermittelt hatten, wurden in der NS-Zeit in den einzelnen Generationen unterschiedlich abgeschliffen, deformiert oder nicht mehr vermittelt. Institutionen, die diese Werte verkörperten, wurden zerschlagen oder sollten zerschlagen werden.[235] Diese sozialen Grundsätze begründeten das Gemeinwohl, durch sie existierte eine Gesellschaft. Ersetzt werden sollten diese Werte durch den sozialen rassistischen Nationalismus der Volksgemeinschaft, der sich vor allem durch die Ausgrenzung einer wachsenden Zahl von Menschen auszeichnete. Mit dem geraubten Vermögen der Ausgegrenzten wollte Hitler seinen „Sozialismus ohne Proletarier" aufbauen. Die letztendlich auf Hass basierenden nationalsozialistischen Gemeinschaftsvorstellungen konnten den sich langsam abschleifenden gesellschaftlichen Kitt nicht ersetzen. Die deutsche Gesellschaft kam mit zunehmender Zeit in einen Unruhezustand. Sorgen um den Lebensstandart und Kriegsängste im Herbst 1939 führten zu Unruhen in der Arbeitnehmerschaft. Das äußerte sich zum Beispiel in der steigenden Arbeitsverweigerungsquote der Arbeitnehmer, die durch keine ideologische NS-Propaganda, sondern nur durch den Terror der Gestapo eingegrenzt werden konnte.

Besonders unter der im Dritten Reich sozialisierten jungen Generation von Arbeitnehmern war die Arbeitsbummelei weit verbreitet. Ruhig gestellt wurde der größte Teil der deutschen Gesellschaft unter anderem mit Konsummöglichkeiten. Nicht zuletzt profitierte die deutsche Bevölkerung vom deutschen Raubzug in den besetzten Gebieten. Amerikanische Soldaten wunderten sich nach ihrem Einmarsch in die deutschen Städte, als sie in den Trümmerwüsten viele wohlgenährte, frisierte deutsche Frauen in Pelzmänteln antrafen.

Solange im Krieg persönlichen Belastungen und Anforderungen durch sozial- und wirtschaftspolitische Maßnahmen abgefedert wurden, die „Normalität" des Alltagslebens für die deutsche Bevölkerung erhalten blieb, hatte diese zum größten Teil keine grundsätzlichen Kritik an der NS-Politik.[236] Der Krieg, in erster Linie der Vernichtungskrieg im Osten, hatte auf die Landser

---

234 Interview Wolfgang Benz: „Es hätten hundertmal mehr Menschen gerettet werden können", URL: http://www.netzeitung.de/spezial/deranderewiderstand/296105.html, Stand 21.10.2004.

235 Siehe Zerschlagung der Gewerkschaften und der Kirchenkampf durch das NS-Regime., Kershaw, Hitler 1889-1936.

236 Aly, Götz: Rasse und Klasse. Nachforschungen zum deutschen Wesen, Frankfurt am Main 2003; Mason, Timothy W.: Sozialpolitik im Dritten Reich. Arbeiterklasse und Volksgemeinschaft, Opladen 1978, S. 278-280; Kershaw, Hitler 1889-1936, S.376.

einen brutalisierenden Einfluss. Im Laufe des Krieges beteiligte sich die Wehrmacht aktiv an Kriegsverbrechen. Die Vernichtung politischer und rassischer Gegner gehörte zum Kriegsalltag. Landser beteiligten sich, im Einvernehmen mit der SS, an Juden-, Geiselerschießungen oder Partisanenhinrichtungen. Landser, die sich an den Verbrechen nicht beteiligten, lebten zumindest täglich in diesem Ausnahmezustand der Zivilisation und stumpften sozialethisch ab. Der Ostfeldzug und der Krieg im Westen waren brutale Raub- und Mordzüge unvorstellbaren Ausmaßes. Der Sieger kannte keine Verbrechen. Wehe Deutschland, wenn es den Krieg verliert.[237] Mit welcher Selbstverständlichkeit die Existenz von Millionen von Menschen auf dem Raubzug der Wehrmacht durch die Sowjetunion vernichtet wurde, zeigte sich in unzähligen Briefen von Landsern in die Heimat, in der die vermittelten Feindbilder der NS-Ideologie und bestehende Ressentiments gegenüber fremden Nationen ihre Wirkung zeigten: "[Auf nächtlicher Patrouille] es fing an zu regnen und das Gelände war unübersichtlich. Wir schafften uns Licht, indem wir ein paar Häuser anzündeten.[...] Ein paar russische Zivilisten wurden abgeschnappt. Bei Tagesanbruch gings sofort auf die Suche nach Schweinen, Eiern usw."[238] Nach der Wende von Stalingrad spielten für die hohe Kampfbereitschaft der deutschen Truppen viele Motive eine Rolle. Die ideologische Überzeugung, Kameradschaft, der Kampf um das eigene Überleben, das Bewusstsein der begangenen Verbrechen, die unheilvolle Verstrickung mit dem NS-System, die Furcht vor der Rache der Sieger an der eigenen Person, an der eigenen Familie führten zu einer verbissenen Kampfhaltung bei einem großen Teil der Landser.[239] Im Sommer und Herbst 1944 wurden die meisten zum Heer überführten Luftwaffenfelddivisionen durch alliierte Großoffensiven an der Ost- und Westfront zerschlagen. Sie wurden nicht wieder aufgestellt. Vier Soldaten des Genshagener Wachkommandos hatten zu diesem Zeitpunkt in diesen Einheiten gekämpft. Sie wurden in das SS-Panzergrenadier Ausbildungs-Bataillon 10 überführt und in die Waffen-SS aufgenommen. Vier Soldaten dienten zu diesem Zeitpunkt in Einheiten der Heimatflak. Sie wurden in den SS-Kampfverband Kurmark überführt und in die Waffen-SS aufgenommen. Ein Soldat wurde direkt vom Heer zur 7./SS.T.Wachbtl. versetzt.

In diesem Zusammenhang stellt sich die Frage, welche Gründe zu einer Versetzung von Wehrmachtssoldaten zu den KZ-Wachmannschaften führten und inwiefern die Soldaten zum KZ-Dienst gezwungen werden konnten? Bereits im März 1944 wurde dem RmRuK ein „Z.B.V.[Zur besonderen Verfü-

---

237 Verbrechen der Wehrmacht zum Beispiel in Gerlach, Christian: Kalkulierte Morde. Die deutsche Wirtschafts- und Vernichtungspolitik in Weißrußland 1941 bis 1944, Hamburg 2000., siehe auch das Tagebuch von Reese, Willy Peter: Die Unmenschlichkeit des Krieges. Russland 1941-1944, München 2003.
238 Gerlach, Morde, S. 263.
239 Fritz, Frontsoldaten, S. 293-294.

gung] Etat von 5000 Mann für die KZ-Häftlingsbewachung" vom OKW genehmigt. Die zunehmende Anzahl von KZ-Außenlager erforderte eine höhere Anzahl von Bewachungssoldaten. Albert Speer hatte in mehreren persönlichen Schreiben an Heinrich Himmler über das Problem der Beschaffung von Wachpersonal in den KZ-Außenlagern Stellung genommen: „Nachdem bisher sämtliche Möglichkeiten ausgeschöpft worden sind, schlage ich vor, durch eine Auflage geeigneter Angehöriger der Wehrmachtsteile als Bewachungskräfte zur SS abzustellen und von dort einheitlich einzusetzen."[240] Wer waren die geeignetesten Angehörigen der Wehrmachtsteile? Nachdem große Teile der Luftwaffenfelddivisionen zerschlagen waren, stand eine größere Anzahl von Soldaten für die Bewachungsfunktion zur Verfügung.

Eine Neuaufstellung der Einheiten wurde nicht durchgeführt, da ihr Kampfwert im Infanteriegefecht sich als niedrig herausgestellt hatte. Des Weiteren war in den ehemaligen Luftwaffenverbänden eine hohe Anzahl regimetreuer Soldaten zu finden. Die NS-Führung sah die Luftwaffenverbände als nationalsozialistisch eingestellten Wehrmachtsteil, im Gegensatz zu dem als konservativ eingestuften Heer. Göring sprach in diesem Zusammenhang von „seinen nationalsozialistischen Jungs", und auch Hitler hatte diesen Eindruck. Von den nach Genshagen versetzten ehemaligen Luftwaffensoldaten gehörten 50 Prozent der NSDAP oder SA an. Neben der ideologischen Indoktrinierung spielte jedoch auch die persönliche Motivation der versetzten Soldaten eine Rolle. Durch den Bewachungsdienst im KZ konnte der betreffende Soldat dem oft tödlichen Fronteinsatz entkommen. Der persönliche Überlebenswille ließ viele Deutsche eventuelle sozialethische Bedenken bei der Teilnahme an NS-Verbrechen verdrängen. Familiäre Konstellationen konnten diese Motivation verstärken. Für zwei Personen weisen die Quellen direkt eine solche Motivation nach. Johann Kohlhofer war Vater von „vier unversorgten Kindern". Seine Frau verstarb 1938. Er stellte einen Antrag auf Versetzung in eine weniger gefährdete Dienststelle. Aufgrund der Bestimmung Hitlers „aus Gründen der Familienerhaltung" wurde er ab 1942 in einer Flakeinheit im Heimatkriegsgebiet belassen. Johann Katzensteiner war der älteste von drei Söhnen der Maria Katzensteiner. Nachdem ihr Mann verstarb und die zwei jüngeren Söhne in Russland und auf dem Balkan fielen, stellte sie im Februar 1944 für ihren letzten ehelichen Sohn einen Antrag auf Versetzung aus der kämpfenden Truppe in eine Versorgungseinheit oder eine Einheit des Ersatzheeres. Dem Antrag wurde im Juni stattgegeben. Des Weiteren war der Dienst an der „Heimatfront" weniger beschwerlich als an der Kriegsfront. Kinos, Kneipen und andere Ablenkungsmöglichkeiten waren bis Kriegsende für die Deutschen im Reich zugänglich.

Bis in die letzen Tage versuchte das NS-Regime die Belastungen im Zivilbereich für die Bevölkerung zu begrenzen. Dies konnte nur auf Kosten der

---

[240] BA: R3/ 1583, Speer an Himmler, weiter Speer an Himmler 15.12.43, 23.2.1944.

überfallenen und ausgeraubten und versklavten Nachbarländer gelingen. Der SS-Rottenführer Bigalke fand während seines Einsatzes im KZ Genshagen sein privates Glück. Er heiratete im Januar 1945 die in Magdeburg wohnende Elsa Ehnder. Im umgekehrten Fall konnte ein Soldat des Wachkommandos jederzeit einen Antrag auf Versetzung in eine Fronteinheit stellen. Der Verweigerung eines KZ-Dienstes wurde in allen Fällen entsprochen. Eine unmittelbare schlechtere Behandlung oder gar Strafe von Personen, die sich dem KZ-Dienst verweigerten, konnten bisher nicht nachgewiesen werden.[241]

Wie wirkte sich die soziale Struktur des KZ-Wachkommandos auf die Behandlung der KZ-Häftlinge aus? Die einzelnen handelnden Personen des Wachkommandos im KZ Genshagen konnten nicht identifiziert werden. Einige beteiligten sich an Grausamkeiten gegenüber den ihnen wehrlosen Häftlingen: „Ein Mann muss auch dabei gewesen sein, denn ich erinnere mich an einen, der einer Frau mit dem Gewehr in den Rücken geschlagen hat, weil sie nicht schnell genug laufen konnte."[242] Ihre Unmenschlichkeit kannte keine Grenzen: „Nach der Beseitigung der Trümmer gab mir der SS-Mann so eine große Schubkarre, wie ich sie in meinem Leben nicht gesehen hatte. Ich konnte sie gar nicht hochheben, schwankte von links nach rechts. Ich konnte sie gar nicht gerade halten geschweige denn schieben. Überall lagen Steine und Ziegel herum. Irgendwer hat mir schließlich geholfen...Mit viel Mühe kam ich dann mit dieser Schubkarre bis zum Fabrikeingang, wo eine Schwelle war. Über diese Schwelle kam man unmöglich hinüber; ich kippte um. Schließlich wog ich damals gerade 37 Kilo. Und sie lachten die SS-Männer, die mit ihren Gewehren an den Türen standen".[243] Dass das Leben der Häftlinge für einige Männer des Wachkommandos keinen Wert besaß, zeigte ihre brutale Reaktion auf harmlose Aktivitäten der Häftlinge: „Unter uns Häftlingen im Lager waren auch jugoslawische Partisaninnen. Die sangen einmal bei Fliegeralarm im Dunkeln ihre Nationalhymne und riefen „Es lebe Stalin! Es lebe Tito! Die SS-Leute schossen auf sie und verwundeten mehrere."[244]

Mit der Expansion der Zahl der Außenlager stieg die Zahl der Frauen-KZs bis zum Ende des NS-Regimes auf mindestens 350. Das bedeute eine verstärkte Werbung und Einstellung von Aufseherinnen. Im Spätsommer 1944 kam es zu einer Einstellung von 1077 SS-Aufseherinnen. Die Rekrutierung erfolgte sowohl durch Bewerbung bei der SS als auch durch Werbung für den

---

241 Jäger, Verbrechen.
242 Dietrich, Zwangsarbeit, S.107.
243 Dietrich, Zwangsarbeit, S.123.
244 Dietrich, Zwangsarbeit, S. 16.

KZ-Dienst durch das Arbeitsamt sowie durch den Betrieb. Letztendlich beruhte die Einstellung auf Freiwilligkeit.[245]

27 Aufseherinnen waren im KZ Genshagen im Lagerdienst eingesetzt. Die Quellenlage lässt eine soziostrukturelle Analyse dieser Gruppe nur begrenzt zu. Von 27 Personen liegen der Name und das Geburtsdatum vor. Von acht Personen liegt der Familienstand vor. Von sieben Personen konnte der Geburtsort ermittelt werden. Von sieben Personen konnte der Arbeitsplatz vor der Indienststellung durch die SS recherchiert werden. Von drei Personen ist der erlernte Beruf bekannt. Von zwei Personen liegen umfangreiche soziostrukturelle Daten vor. Von 10 Personen ist der Dienstantritt im KZ Ravensbrück im August und September 1944 feststellbar. Eine Person gehörte neben der SS einer NS-Organisation, der NSDAP, an. Drei Personen wurden zwischen 1904 und 1913 geboren. Acht Personen wurden in der Zeit zwischen 1915 und 1918 geboren. 16 Personen wurden zwischen 1920 und 1923 geboren. Zu Beginn des Lagerdienstes in Genshagen waren 24 Personen, 88 Prozent, unter 30 Jahre. Das Durchschnittsalter lag bei 25,7 Jahren. Die älteste Person war 41, die jüngste 21. Die NS-Ideologie vermittelte das gesellschaftliche Bild der deutschen Frau als Mutter und Hausfrau. Dem gegenüber stand der ökonomische Druck des Arbeitskräftemangels in der deutschen Wirtschaft.

In Folge der rasanten Aufrüstungspolitik und dem steigenden Arbeitskräftebedarf wurden die NS-Funktionäre gezwungen, ihre Heim- und Herdpolitik gegenüber den Frauen aufzugeben. Dies geschah nur widerwillig, da eine grundsätzliche Änderung des NS-Frauenbildes nicht durchzusetzen war. Insgesamt stieg der Frauenanteil in der Industriearbeiterschaft bis zum Kriegsende nicht in dem notwendigen Maße, wie er sich in anderen im Krieg befindlichen Industrienationen, wie Großbritannien oder den USA, vollzog. In der Forschung werden die Frauen der Gruppe der Ungelernten bzw. Angelernten angerechnet. Der größte Teil arbeitete als Hilfsarbeiterin. Der monatliche Verdienst der deutschen Arbeiterin lag aber deutlich unter dem ihres männlichen Hilfsarbeiterkollegen. In der Metallverarbeitenden Industrie verdiente eine Frau 1938 mit 26,41 RM brutto ca. 27 Prozent weniger in der Woche als ein männlicher Hilfsarbeiter. Dieser Verdienst, ca. 119 RM brutto im Monat, lag über den in anderen Industriebereichen gezahlten Monatslöhnen für Frauen. Eine ledige SS-Aufseherin im Alter von 25 Jahren erhielt 185,68 RM brutto Monatsgehalt.[246] Die geringen Unterhaltskosten, wie die günstige Verpflegung und Unterkunft, die durch die SS gestellt wurden, bedeuteten

---

245S Schwarz, Gudrun: SS-Aufseherinnen in nationalsozialistischen Konzentrationslagern (1933-1945), in: Dachauer Hefte 10, S. 32-49.

246 Hachtmann, Rüdiger: Industriearbeit im „Dritten Reich": Untersuchungen zu den Lohn- und Arbeitsbedingungen in Deutschland 1933 - 1945. Göttingen 1989, S. 39-42; Reichsamt, Statistik ‚S. 347; BA: NS4, Ra 1.

für diese Frauen einen weiteren finanziellen Vorteil. Des Weiteren versprach eine Arbeit als Aufseherin eine körperlich leichtere Arbeit als eine Tätigkeit in der Produktion.

Für viele Frauen bedeutete daher der Dienst in der SS auch eine Aufstiegschance in finanzieller, beruflicher bzw. machtpsychologischer Hinsicht. Für die Einstellung als SS-Aufseherin mussten sich die betreffenden Frauen bewerben. Im Flugmotorenwerk Genshagen hielt der Werkschutzleiter und SS-Sturmbannführer Knoll während einer Betriebsversammlung eine Werbeansprache für den Dienst von Frauen im KZ-System: „Im Jahre 1944 erschien der Werkschutzleiter Knoll in unserer Betriebshalle und hielt den Frauen einen Vortrag, der als Werbung für den SD galt.

Er verstand es, in so verlockenden und schmalzigen Redensarten für eine besondere Angelegenheit zu werben, und versprach u.a., dass wir mit besseren Essen, Kleidung und Sondervergünstigungen zu rechnen hätten, ebenso mit einer Beförderung in der SS. Es meldeten sich so viele, dass man in einer Auslese nur die brutalsten herausgesucht und diese als Wachpersonal im KZ unterbrachte."[247] In anderen Rüstungsbetrieben liefen die Werbungsaktionen ähnlich ab: „Eines Tages kam bei Dornier ein Anschlag, wer sich zur SS melden will. Darüber fand eine Versammlung statt. Viele haben sich bei der Versammlung nicht zur SS gemeldet. Es sind drei von unseren Arbeiterinnen gegangen, davon kam eine zurück, die beiden anderen blieben da, darunter auch Frau Mertz."[248] Nach der direkten Bewerbung im KZ konnte die betreffende Frau einen Antwortbrief der Kommandantur des KZs Ravensbrück erhalten. In dem Schreiben wurde der Bewerberin zunächst eine kurze Arbeitsbeschreibung übermittelt: „Im KZ-Lager Ravensbrück sitzen Frauen ein, die irgendwelche Verstöße gegen die Volksgemeinschaft begangen haben und nun um weiteren Schaden zu verhindern, Jahre isoliert werden müssen. Diese Frauen sind bei ihrem Arbeitseinsatz innerhalb und außerhalb des Lagers zu beaufsichtigen. Sie brauchen für diese Arbeit also keine beruflichen Kenntnisse zu besitzen, da es sich ja lediglich um eine Bewachung der Häftlinge handelt".[249] Dies war die belanglose und euphemistische Umschreibung für eine Arbeitsstelle inmitten eines Ortes des Schreckens. Die geforderten Qualifikationen der Bewerberin wurden auf ein Minimum beschränkt. Die Frauen sollten nicht vorbestraft und körperlich gesund sein. In dem Antwortschreiben wurden neben dem für Frauen hohen Monatsverdienst weitere Vorzüge eines SS-Dienstes beschrieben. Neben der kostenlosen Dienstbekleidung und der günstigen Gemeinschaftsverpflegung wurde mit einer „gut eingerichteten" Dienstwohnung geworben; in Anbetracht der schlechten

---

247 SH: LS221-11, Aussage Klara Fritsche gegen William Knoll vor dem Spruchgericht Bielefeld.
248 BStU: RHE-UEST 574-576, Bd. 1.189.
249 BA: NS4, Ra 1.

Wohnverhältnisse, denen sich die Mehrzahl der Deutschen ausgesetzt sah, ein nicht zu unterschätzender sozialpolitischer Aspekt.

Nachdem die geringen Aufnahmehürden überwunden waren, wurden die Frauen in die Waffen-SS aufgenommen. Es folgten mehrtätige bis mehrwöchige Einweisungskurse im KZ Ravensbrück oder anderen KZs. Der Einführungskurs bestand in der Regel aus der ideologischen Schulung, Erziehung zur Rücksichtslosigkeit und Gewalttätigkeit sowie Gehorsam gegenüber Vorgesetzten und Befehlen. Die primitivsten Instinkte des Menschen, wie Hass-, Macht- und Unterdrückungstriebe, wurden geschürt. Im KZ erhielten die Aufseherinnen auch ihre Uniform: „In Ravensbrück waren wir nur kurze Zeit, wie lange, kann ich nicht mehr sagen. Hier sind wir eingekleidet worden und bekamen die Uniformen der SS-Aufseherinnen mit dem Reichsadler auf dem linken Ärmel".[250] Nach Aussagen des KZ-Kommandanten von Ravensbrück waren die Aufseherinnen in Ravensbrück im Jahr 1942 mit einer Dienstpistole bewaffnet. Für die Aufseherinnen im Außenlager Genshagen lässt sich diese Bewaffnung nicht belegen. Einige der Personen wurden zur Hundeführerin ausgebildet. Hunde bildeten ein beliebtes Terrorinstrument auch im KZ Genshagen: „Die deutschen Aufseherinnen kamen mit Hunden, die uns ansprangen. Ich sah Blut; ich hatte auch Schreie gehört. Ich hatte große Ängste. Ich weiß nur noch, daß es entsetzlich grausam war."[251] Eine kurortähnliche Anlage diente den Aufseherinnen in Ravensbrück als Unterkunft. Zweistöckige Spitzdachhäuser im Stil von Schwarzwaldbauten standen in lockerer Bauweise in einer parkähnlichen Anlage. Die Balkone der Häuser ließen einen Blick auf den idyllischen See. Nur wenige Meter nördlich lag das Frauen-KZ. Ein durchaus gewollter Kontrast, auf der einen Seite die Idylle der Herrenmenschen, auf der anderen Seite die Welt des Terrors gegen die ausgelieferten und gedemütigten Heloten. Die Machtverteilung war in den unterschiedlichen Lebensverhältnissen klar erkennbar.[252]

Die Aufseherinnen rekrutierten sich zum Teil aus den in den Rüstungsbetrieben eingesetzten Industriearbeiterinnen: „Im September 1944 kam ich mit 22 Kolleginnen aus der Fa. Rheinmetall Borsig AG in Sömmerda nach Ravensbrück".[253] In Folge der Ausweitung des Einsatzes von Zwangsarbeitern in der deutschen Industrie waren diese Frauen schon vor ihrem Einsatz als SS-Aufseherinnen, zumindest visuell während ihrer Zivilarbeit, mit dem Zwangsarbeitersystem und später dem KZ-System in Berührung gekommen. Einige Frauen hatten bereits in den Rüstungsbetrieben Zwangsarbeiter beaufsichtigt: „Seit Anfang des Jahres 1944 arbeitete ich bei den Dornierwerken mit

---

250   BSTU: AV-8/74, Bd. 29, Bl. 222/223.
251   Dietrich, Zwangsarbeit, S. 110.
252   Weitere Ausbildungsorte: KZ Stutthof, KZ Flossenburg, KZ Groß Rosen u.a; Schwarz, SS-Aufseherinnen, S. 41.
253   BA: ZB II.,1441 A 8, S.1 und 2.

Frau Mertz zusammen. Sie war Gruppenführerin und mußte Ukrainerinnen beaufsichtigen."[254] Es kann daher davon ausgegangen werden, dass die Frauen wussten, was ihr zukünftiger KZ-Dienst inhaltlich bedeutete, was von ihnen verlangt wurde. Auf der anderen Seite ging die SS offensichtlich davon aus, dass ein rassistisches Handlungsmuster im Sinne des Dienstes im KZ-System in der allgemeinen Bevölkerung als Allgemeinplatz vertreten war; das KZ-System als „Normalität" in der Gesellschaft akzeptiert wurde. Der KZ-Dienst zählte wie jede andere berufliche Tätigkeit als selbstverständliche Erwerbsarbeit. Eine kurze Einarbeitungszeit genügte, um dem rassistischen Handlungsmuster entsprechend eine effektive, rationale und professionelle Terrortätigkeit zu vermitteln. Darauf verweist die kurze Zeit der Einweisungskurse. Ein „psychologisches Totenkopftraining" schien nicht mehr notwendig.[255] Für zehn Aufseherinnen des KZ Genshagen sind die vorherigen Arbeitgeber bekannt. Die 1920 in Berlin geborene Stefanie Wilm war verheiratet und hatte nach dem Besuch der Mittelschule als Haushaltshilfe und dann bis zum August 1944 bei den Dornier Werken in Wismar als Hilfsarbeiterin gearbeitet. Mit ihr hatten sich mindestens noch drei weitere Frauen von den Dornier-Werken für den SS-Dienst verpflichtet. Aus der Lorenz AG Berlin waren mindestens drei Frauen vertreten.

Als weitere ehemalige Arbeitgeber sind die Behring Werke Marburg, mit mindestens zwei Personen, und die Rhein Metall Borsig AG in Sömmerda mit mindestens einer Person bekannt. Nach der KZ-Dienst-Einweisung im KZ Ravensbrück wurden die Aufseherinnen auf die Außenlager verteilt.

Die Aufseherinnen des Außenlagers Genshagen unterstanden der Disziplinargewalt des KZs Sachsenhausen in der Person des Kompanieführers der 7./SS.T.Wachbtl. Personell waren sie dem KZ Ravensbrück zugeordnet. Die Besoldung und eventuelle Versetzungen erfolgten weiterhin durch die Kommandantur des KZs Ravensbrück. Bei entsprechender Eignung, ausgestattet mitFührungsfähigkeit und Brutalität, konnte eine Aufseherin in die Position der 1. Aufseherin aufsteigen. Das bedeutete neben einer höheren Gehaltsgruppe, der Gehaltsgruppe VI mit bis zu 270,10 RM monatlich, auch einen Machtzuwachs für die betreffende Person.

Im Außenlager Genshagen wurde diese Position von Margaete Paesler besetzt. Sie wurde am 19.1.1916 in Berlin, Neukölln geboren. Sie wurde evangelisch getauft und erzogen. Vom 6. bis 14. Lebensjahr besucht sie die 26. Gemeindeschule in Neukölln. 1930 begann sie eine Lehre als Verkäuferin im Schuhhaus Leiser. Sie besuchte die Verkäuferinnenfachschule „Schuh und Leder". Am 1.4.1933 wurde sie von Leiser als Schuhverkäuferin in ein Angestelltenverhältnis übernommen. Paesler kann somit dem unteren Mittelstand zugerechnet werden. Am 13.2.1939 wurde durch das NS-Regime eine Ver-

---

254 BSTU: RHE-UEST 574-576, Bd. 1.189.
255 Kogon, SS-Staat, S. 36-37.

ordnung für eine umfassende und unbegrenzte Dienstpflicht von Frauen für den Einsatz in der Rüstungsindustrie erlassen. Die Freiheit der Arbeitsplatzwahl wurde mit dieser Verordnung eingeschränkt und ein Arbeitsstellenwechsel wurde abhängig von der Arbeitsamterlaubnis. Die Befürchtungen vor sozialen Unruhen führten jedoch zu einem inkonsequenten Gebrauch dieser Verordnung. Nach dem Sieg der Wehrmacht in Polen verordnete Hitler im November 1939 eine Drosselung der Dienstverpflichtungen.[256] In dieser Zeit am 9.11.1939 wurde Paesler vom Arbeitsamt für den Einsatz in der Rüstungsindustrie dienstverpflichtet. Sie wechselte als Prüferin zur Lorenz AG. Danach arbeitete sie als Werkstattschreiberin und Karteiführerin in der Revisionsabteilung. Trotz Dienstverpflichtungsverordnung beantragte Paesler am 12.10.1939 die Aufnahme in die NSDAP. Für Paesler bedeutete die Dienstverpflichtung eine Verbesserung ihrer Einkommensverhältnisse. Der Stundenlohn für Frauen in der metallverarbeitenden Industrie lag um 15 % höher als das Gehalt im unteren Angestelltenverhältnis im Einzelhandel.[257] Am 3.9.1944 begann Peasler ihren Dienst in der Waffen-SS. Nach der mehrwöchigen Einführung in die Terrorpraxis wurde sie am 25.9.1944 mit dem ersten Häftlingstransport in das KZ Genshagen versetzt. Paesler ist die einzige Person der Aufseherinnengruppe in Genshagen, der vor Eintritt in die SS eine Mitgliedschaft in einer NS-Organisation nachgewiesen werden kann. Sie trat bereits 1930, mit 14 Jahren, in die NSBO ein. Es ist davon auszugehen, dass Paesler mit dem Beginn ihrer Lehre für den Eintritt geworben wurde. 1939 trat sie dem NSF bei. In der Phase, in der Hitler die größte Zustimmung unter der deutschen Bevölkerung fand, wurde sie am 1.6.1940 in die NSDAP aufgenommen.[258] Ihren politischen Standpunkt vertat sie auch nach dem Krieg: „Im Frühjahr 1940 trat ich freiwillig und aus Überzeugung zum Nationalsozialismus in die NSDAP ein". Paesler war durch ihre gefestigte nationalsozialistische Weltanschauung und durch ihre aktive Beteiligung an NS-Propagandaaktionen geeignet, als 1. Aufseherin eine Leitungsposition im KZ Genshagen zu übernehmen. Sie verkaufte zum Beispiel für die NS-Organisation KDF Eintrittskarten für Veranstaltungen. Des Weiteren prädestinierten sie ihre Facharbeiterausbildung und ihre verwaltungstechnische Tätigkeit in der Rüstungsindustrie für eine leitende Position. Nach ihrem Dienstbeginn im KZ konnte sie sich mit dem menschenverachtenden terroristischen KZ-System identifizieren: „Ich gebe zu, dass ich die Instruktionen, die ich als SS-Aufseherin von der Kommandantur des KZ Sachsenhausen bekam, voll erfüllt habe". Diese Geisteshaltung zeigte sich auch in der Behandlung der Häftlinge.

---

256 Hachtmann, Industriearbeit, S. 46-47.
257 Reichsamt, Statistik, S. 347.
258 BA: DO1/2017, DO1 4118.

So misshandelte Paesler Häftlinge und verhängte Nahrungsmittelentzug und Arreststrafen. Gewaltbereite und brutale Aufseherinnen wurden bei Beförderungen und Auszeichnungen bevorzugt.[259]

In diesem Zusammenhang stellt sich die Frage, welche Behandlung die Häftlinge durch die Aufseherinnen erfuhren. Die Aufseherinnen bestimmten den Lagerbetrieb. Sie nahmen am unmittelbarsten Einfluss auf das tägliche Leben der Häftlinge. Sie setzten die Lagerordnung durch. Sie weckten die Häftlinge, führten sie zum Zählappell, gaben das Essen aus und beaufsichtigten die Häftlinge während ihrer Arbeit. Sie führten die Häftlinge nach der Arbeit zur Unterkunft und bewachten die Häftlinge dort während der Nacht. Sie waren die allgegenwärtig sichtbaren und in ihren Handlungen spürbaren Instrumente der nationalsozialistischen Terrorpolitik. Es ist davon auszugehen, dass die gesamte Aufseherinnengruppe in Genshagen erst im September oder August ihren Dienst im KZ-System begann. Bereits nach einer kurzen Einführungsphase in das KZ-System war ein Einsatz der Personen als Terrorinstrument möglich, ohne dass das KZ-System eine qualitative Veränderung in der terroristischen Behandlung der Häftlinge aufwies. Von den SS-Aufseherinnen wurden in der letzten Phase des Krieges keine ideologischen Voraussetzungen in Form von Mitgliedschaften in NS-Organisationen oder eines Einsatzes für die „Bewegung" verlangt. Eine systematische Vermittlung des rationellen Terrors, äquivalent zur Ausbildung der Totenkopfverbände, war nicht mehr notwendig. Warum? Die Gruppe der Aufseherinnen in Genshagen war zum größten Teil im Nationalsozialismus sozialisiert worden. Die nationalsozialistische Indoktrinierung in der Verbindung mit der Möglichkeit eines sozialen Aufstiegs, die Auswirkung der NS-Politik auf das alltägliche Leben, die daraus resultierende Deformierung des sozialen Wertesystems, inbegriffen der Auflösung jeglicher Rechtsnormen für Ausgegrenzte der Volksgemeinschaft, waren augenscheinlich in der deutschen Gesellschaft so weit vorgeschritten, dass unter den „normalen Deutschen" ausreichend Freiwillige für einen kurzfristigen Einsatz im KZ-System rekrutiert werden konnten. Der „Herrenmenschengeist", zumindest erkennbar als rassistisches Handlungsmuster, der für die Wächter und Peiniger eines KZs von entscheidender Bedeutung war, wurde offenbar bereits im deutschen Alltag vermittelt. Diese gesellschaftliche Entwicklung spiegelte sich im Verhalten der Aufseherinnen wider: „Die SS-Frauen schlugen uns mit Knüppeln. Sie gingen während unserer Arbeitszeit stets auf und ab. Es war ein riesiger Kontrast: Sie sprachen miteinander liebevoll und lachend von ihren kleinen Kindern und Minuten später schlugen sie auf unsere Köpfe und Schultern mit ihren Knüppeln."[260] Die Brutalität gegenüber den Häftlingen konnte tödliche Fol-

---

259 BSTU: RHE-V-60-70, Band 576, Bl. 171/172; Archiv Sachsenhausen XIV 11a Aussage KZ-Häftling Friedel Malter.
260 Dietrich, Zwangsarbeit, S. 130.

gen haben: „Einmal hat eine SS-Frau eine Polin so geschlagen, dass sie in eine Maschine fiel und davon zermalmt wurde."[261] Der „Herrenmenschengeist" konnte jedoch abgeschwächt werden oder sich auflösen, wenn ein Täter mit tragischen persönlichen Konsequenzen des Krieges konfrontiert wurde. Eine Aufseherin verlor nach einem alliierten Bombenangriff ihre Familie sowie ihr Haus und änderte ab diesen Zeitpunkt ihr Verhalten gegenüber den Häftlingen. Sie schlug nicht mehr auf die Häftlinge ein und verrichtete apathisch ihren Dienst. In den letzten Wochen des Krieges, die Niederlage vor Augen, zeigten einige Aufseherinnen ein humaneres Verhalten gegenüber den Häftlingen: „Sogar die SS-Frau, die den Essentransport überwachte, wurde zum Schluss ganz menschlich."[262]

Die Auflösung des sozialen Wertesystems innerhalb der deutschen Gesellschaft zeigte sich in gesteigertem Maße in der Kleinkriminalität und Undiszipliniertheit unter den Aufseherinnen. 1942 bezieht sich der Lagerkommandant des KZs Ravensbrück in einem Kommandanturbefehl auf das Verhalten der Aufseherinnen: „Ich mache nochmals darauf aufmerksam, dass Aufseherinnen und Angestellte des Lagers der SS-Gerichtsbarkeit unterworfen sind, Vergehen im Dienst, Kameradschaftsdiebstähle, Unehrlichkeit usw. werden durch das SS-Gericht abgeurteilt. Die Kameradschaft unter den Angestellten läßt zur Zeit sehr zu wünschen übrig."[263] Der vermittelte militärische Kadavergehorsam konnte den Verfall der Moral jedoch nicht substituieren. Das äußerte sich nicht zuletzt in der massiven Korruption der SS.[264] Alkoholkonsum im Dienst und Disziplinarverstöße waren auch unter den Aufseherinnen im KZ-Genshagen vorzufinden. Diese Symptome der gesellschaftlichen Haltlosigkeit verstärkten sich durch die Auflösungserscheinungen des NS-Systems in den letzten Kriegstagen und äußerten sich in Resignationstendenzen unter den Terrorträgern. Die SS-Aufseherin Ida Kühn erinnerte sich: „Im März 1945 sollte ich mit der SS-Aufseherin Gertrud Sperlich einen das Werk verlassenden Zug nach geflohenen Häftlinge kontrollieren. Wir verzichteten im alkoholisierten Zustand auf die Ausführung des Auftrages. Zwei Häftlingen gelang in Zivil vorläufig die Flucht". Sperlich und Kühn mussten nach diesem Vorfall zur Vernehmung zur Kommandantur des KZs Sachsenhausen. Sie erhielten eine Geldstrafe von 100 RM.[265]

---

261 Dietrich, Zwangsarbeit, S. 114.
262 Dietrich, Zwangsarbeit, S. 91.
263 BA: NS4/Ra1.
264 Kogon, SS- Staat, S. Kogon beschreibt die Korruption als das „Drohnendasein der SS".
265 BA: DP 3/2014.

10. Der Werkschutzleiter William Knoll

Nach den Erfahrungen des Ersten Weltkrieges wurden in den deutschen Rüstungsbetrieben Vorkehrungen für die militärische und sicherheitspolitische Abwehr getroffen.

Dies betraf zum einen die Bekämpfung eventueller Luftangriffe und ausländischer feindlicher Sabotageeinheiten, „Angreifer aus dem Hinterland", zum anderen die Bekämpfung von Sabotage und Spionage „aus den eigenen Reihen innerhalb des Werksgeländes." Um den genuinen Einflussbereich der Konzerne, die Werksstruktur, nicht betriebsexternen Organisationen zu öffnen, wurden für diesen Zweck die betriebliche Organisationen der Werksfeuerwehr, des Werkluftschutzes und des Werkschutzes, eine private Sicherheitstruppe der Konzerne aufgebaut. Diese Betriebsorganisationen unterstanden dem Betriebsführer, der für die Leitung des Werkschutzes einen höheren Konzernangestellten einsetzte. In der Regel unterstanden dem Werkschutzleiter des Weiteren die Werksfeuerwehr und der Werkluftschutz. Während der NS-Diktatur versuchten weitere Machtzentren Einfluss auf die Sicherheitsorgane der Konzerne zu nehmen. In den Betrieben wurde für die militärische Abwehr durch die Wirtschaftsführer in Absprache mit dem OKW die Position des militärischen Abwehrbeauftragten geschaffen. Bei größeren Rüstungsunternehmen, wie der Daimler Benz AG oder der Krupp AG, gab es den für den gesamten Konzern zuständigen Hauptabwehrbeauftragten. Für die jeweiligen Betriebsstandorte des Konzerns waren die stellv. militärischen Abwehrbeauftragten zuständig. Diese Position wurde durch einen leitenden Angestellten des jeweiligen Betriebes besetzt. Er unterlag den Weisungen des Hauptabwehrbeauftragten und eines dem Betrieb zugeordneten Abwehroffiziers der militärischen Abwehr des OKW oder RLM. Der stellv. militärische Abwehrbeauftragte war in der Regel der politische Abwehrbeauftragte, der für die Bekämpfung innerer Feinde verantwortlich war. Diese Institution unterlag den Weisungen der Gestapo. Für den jeweiligen Betrieb war ein Gestapobeamter mit ständigem Sitz im Betrieb oder in der dem Betrieb territorial zugeordneten Stapostelle zuständig. Die Stellen des politische Abwehrbeauftragte und des Leiters des Werkschutzes wurden auf Weisung der Gestapo in der Regel in einer Person vereint.[266] Die Mitglieder des Werkschutzes unterstanden der Aufsicht des Reichsführers SS und Chefs der deutschen Polizei, Heinrich Himmler, und ab 1943 der SS-Gerichtsbarkeit. Die SS genehmigte die Einstellung der Werkschutzangehörigen, überprüfte die angestellte Werkschutzleute auf ihre politische Zuverlässigkeit, sorgte für deren Ausbildung und Ausrüstung und überwachte deren

---

266 BA: R58/797.

Tätigkeit.[267] Einige ausgewählte Angehörige des Werkschutzes wurden zu Hilfspolizisten ernannt und hatten exekutive Rechte. Grundsätzlich war der Werkschutz jedoch den Weisungen der Betriebsführung unterstellt und in die Struktur des Betriebes eingegliedert. Zur Durchsetzung ihres Machtanspruchs versuchte die SS, im Laufe der Zeit Leiter und stellv. Leiter des Werkschutzes und somit in vielen Fällen die Abwehrbeauftragten in den Sicherheitsdienst der SS aufzunehmen. In einem Schreiben der SS an die oberste SA-Führung betreff der Übernahme des SA-Obersturmbannführers und stellv. Wachschutzleiters Hassel der Krupp AG in die SS kommen diese Bestrebungen zum Ausdruck: „Da der Chef der Sicherheitspolizei und des SD besonderen Wert auf die Zugehörigkeit des H. zur Schutzstaffel legt, wird gebeten dem Auftrag stattzugeben."[268] Das OKW versuchte den Einfluss der SS in den Betrieben zurückzudrängen, indem es nach der Mobilmachung 1939 die Aufgaben der SS in den Rüstungsbetrieben auf die sicherheitspolizeiliche Überprüfung und Ausbildung der Werkschutzleute beschränkte.[269] Neben der Sabotageabwehr von Außen umfasste der Aufgabenbereich des stellv. militärischen und politischen Abwehrbeauftragten die sicherheitspolitischen Abwehrmaßnahmen. Als Hilfsorgan der Gestapo musste er alle Beobachtungen und Feststellungen über staatsgefährdende Stellungen im Betrieb der Gestapo melden. Er funktionierte als Meldestelle der Betriebsführung für Verrats- und Sabotageangelegenheiten und hatte den Anweisungen der Gestapo zur Abwehr und Bekämpfung staatsgefährdender Bestrebungen Folge zu leisten.

Als staatsgefährdend galten Tätigkeiten von oppositionellen Personen und Gruppen, Streikhetze jeglicher Art, Gräuelpropaganda und Vorbereitung und Ausführung von Verrat und Sabotage. Diese allgemeinhaltenden Straftatbeschreibungen ermöglichten dem Werkschutz ein willkürliches Handeln. Eine Hauptaufgabe des politischen Abwehrbeauftragten lag in der Vorbeugung eventueller Straftaten. Zur Realisierung dieser Aufgabe musste er ein Spitzelnetz innerhalb der Belegschaft aufbauen. Wurden Straftaten im Sinne der Gestapo-Richtlinien begangen, waren von ihm theoretisch grundsätzlich keine selbstständigen Untersuchungen zu führen. Bei unmittelbarer Gefahr sollte er die verdächtige Person vorläufig festhalten und die Gestapo einschalten. Diese übernahm dann die weitere Bearbeitung des Falles. In der Praxis übten die Abwehrbeauftragten und die Werkschutzangehörigen in vielen Fällen exekutive Rechte aus, ohne die Gestapo zu informieren. Sie führten eigenmächtig Durchsuchungen von Personen durch, inhaftierten Verdächtige in den werkseigenen Wachstuben des Werkschutzes, führten

---

267 Drobisch, Klaus: Der Werkschutz. Betriebliches Terrororgan im faschistischen Deutschland, in: JWG 1965/IV, S. 220.
268 BA: BDC: SSO, Walter Hassel.
269 Drobisch, Werkschutz., S. 221.

Vernehmungen und übermittelten die in vielen Fällen entstanden Vorgänge direkt an die Anklagebehörden. Die Gestapo verwies in solchen Fällen hilflos auf ihr Machtmonopol.[270] Des Weiteren gab es Fälle, in denen sich der politische Abwehrbeauftragte und der dem Betrieb zugeteilte Gestapobeamte privat gut verstanden. Bei einem Vorgang genügte ein Informativer Anruf bei der Stapostelle und der politische Abwehrbeauftragte führte die Untersuchungen weiter.[271] Der Werkschutz war ursprünglich für die Ordnung innerhalb des Betriebes zuständig und hatte in erster Linie beaufsichtigenden und vorbeugenden Charakter. Die Angehörigen des Werkschutzes des Daimler Benz GmbH Genshagen trugen eine blauschwarze Betriebsuniform, eine Mütze sowie eine Hakenkreuzarmbinde. Sie waren mit Karabinern, Pistolen und Knüppeln ausgerüstet.

Mit der Ausweitung des Zwangsarbeitereinsatzes wurde der Werkschutz mit der Bewachung der Lager beauftragt: „ Der Leiter der Bewachung (pol. Abwehrb. bzw. zuständiger Polizeibeamter) ist für die Einteilung des Dienstes , die Führung der Wachmänner und die Sicherheit im Lager wie im Betrieb überhaupt verantwortlich."[272] Am 16.10.1943 wurde in einem Treffen des RFSS mit dem DAF-Reichorganisationsleiter noch einmal auf die polizeilichen Aufgaben des Werkschutzes innerhalb der Betriebe verwiesen. „Für den exekutivmäßigen Schutz der Betriebe nach innen und außen sind die polit.-poliz. Abwehrb. und der ihnen unterstellte Werkschutz zuständig". Nach dem misslungenen Attentat auf Hitler verlor die militärische Abwehr des OKW ihre politische Bedeutung. Ihr Aufgabenbereich innerhalb der Rüstungsbetriebe ging an die Gestapo über: „Die Betreuung der Rü-Betriebe ist von der Wehrmacht an Gestapo übergegangen." [273]

Für den exekutivmäßigen Schutz im Daimler-Benz-Werk in Genshagen war der Werkschutzleiter und stellvertretende Abwehrbeauftragte, SS-Sturmbannführer William Knoll, zuständig. Mit der Einrichtung des Außenlagers Genshagen institutionalisierte sich durch seine Kompetenzen eine Schnittstelle zwischen KZ-System und Privatwirtschaft. William Bruno Knoll wurde am 25.10.1899 in Rabenstein bei Chemnitz geboren. Er wurde evangelisch erzogen und besuchte die gehobene Schule. Sein Berufswunsch war Militärbeamter. Er arbeitete zwei Jahre als Scholar bei der Gemeinde-Verwaltung in Neustadt. Am 21.6.1917 meldete Knoll sich zum Kriegsdienst. Im Ersten Weltkrieg wurde er verwundet und erhielt als Auszeichnungen das EK. I, EK II, das Verwundungsabzeichen und die Finnische Befreiungsmedaille. Am 31.12.1919 wurde er als Oberjäger aus dem Wehrdienst entlassen. Aufgrund seiner für einfache Soldaten hohen Auszeichnungen kann

---

270 BA: R 58 Anh. 56 ‚Staatspolizeileitstelle Münster.
271 BA: R 58 Anh. 56 Stapo an Abwehrbeauftragten Tacke.
272 BA: R 58 Anh. 56 Stapo an Abwehrbeauftragten Tacke.
273 BA: R 58 Anh. 56 Stapo an Abwehrbeauftragten Tacke.

Knoll als mutiger Soldat bezeichnet werden. Knoll gehörte zum unteren Mittelstand. Bis zum 31.3.1920 war er als Heeresangestellter beschäftigt. Nach der Entlassung war er bis 1937 als Lohnbuchhalter bzw. Reisevertreter in der freien Wirtschaft tätig.

Ein zwischenzeitlicher Versuch, sich mit einem Elektrogeschäft selbstständig zu machen, scheiterte. Von 1931-1937 war er Reisevertreter in der Firma Everth & Co.Gmbh. Er hatte für kurze Zeit in diesem Betrieb die Position eines NSBO- Obmannes inne. Knoll pflegte schon in den ersten Tagen der Weimarer Republik Kontakte zur völkischen Bewegung. Er war Mitglied der Ludendorff-Bewegung. Das Erzgebirge mit den Städten Chemnitz und Zwickau entwickelte sich bereits vor dem Hitlerputsch 1923 zu einer Hochburg der NSDAP und anderer völkischer Parteien. Hitler kokettierte kurzzeitig mit dem Gedanken, die NSDAP-Zentrale nach Zwickau zu verlegen. Nach dem Bierkellerputsch 1923 wurde ein großer Bestandteil der Parteiakten von Hof nach Chemnitz gebracht.[274] An dieser Aktion beteiligte sich Knoll mit seinem Kraftfahrzeug: „Nach dem Verrat vom 9. November 1923 traten in Chemnitz die von Hof i. B. zurückkommenden SA-Männer wieder zusammen. Da ich bei Abfahrt und besonders beim Versorgen der nötigen Unterlagen beteiligt war, gehöre ich zum alten Stamm".[275] Nach Hitlers Inhaftierung schloss sich Knoll von 1924-1926 der SA-Nachläuferorganisation Frontbann an. Er war in dieser Organisation, ein unter der Führung Röhms aufgebauter paramilitärischer Verband, Adjutant bei der Landesleitung der NSDAP Sachsen. Nach dessen Auflösung 1926 beteiligte sich Knoll an der Gründung mehrerer Ortsgruppen der NSDAP in Sachsen. Er wurde erst am 1.6.1930 mit der Mitgliedsnummer 250948 in die Partei aufgenommen. Warum? Erst mit der Juniwahl in Sachsen hatte sich die NSDAP unter den in Sachsen zahlreichen völkischen Bewegungen als führende Organisation etabliert, und somit hatte sich Hitler gegenüber Ludendorff als alleiniger NS-Führer durchgesetzt. Im vorangegangenen Wahlkampf hatte sich die NS-Prominenz mit großem Engagement beteiligt.[276] Des Weiteren unterstützte Knoll das Konzept Röhms, den Frontbann als paramilitärischen Verband aufzubauen und mit diesem Typ „Armee des politischen Soldaten" die Wehrmacht als Waffenträger der Nation abzulösen.

Dafür spricht seine Mitgliedschaft von 1926-1928 im Freikorps von Heydenbreck, einem völkisch gesinnten paramilitärischen Verband in Sachsen. Knoll war ein Aktivist der NS-Bewegung. Er beteiligte sich bei NS-Propaganda-Aktionen und leitete Gewaltaktionen gegen NS-Feinde: „Es wird weiter versichert, dass sich PG. William Knoll jeder Zeit restlos ohne jegliche Unterbre-

---

274 Szejnmann, Claus-Christian Werner: The rise of the Nazi party in Saxony between 1921 and 1933,London 1994, S. 64.
275 BA: BDC, SSO William Knoll.
276 Szejnmann , Saxony , S.21.

chung für die Bewegung eingesetzt hat, indem er in der SA aktiv war und mit dem Namen „Roll-Kommando" gefürchtet wurde."[277] Er nahm eigene körperliche Verletzungen und staatliche Verfolgung für die Durchsetzung der NS-Politik in Kauf: „Kopfverletzungen von Zusammentreffen mit Reichsbanner und Kommunisten, Geldstrafen für Tätigkeit und Tätlichkeiten im Rahmen der Bewegung". Für Knoll war Gewalt eine akzeptable Methode für die Lösung politischer Konflikte. Er hatte persönliche Kontakte bis in die Gauleitung Sachsen. Sie setzte sich für ihn nach 1933 intensiv für die Anerkennung als „Alter Kämpfer" ein.[278] Er war fest im nationalsozialistischen Milieu verwurzelt. Seine freundschaftlichen Kontakte aus der „Kampfzeit" förderten seine berufliche Karriere. Zu seinen Freunden gehörte der SS-Brigadeführer und Präsident der Gestapo Sachsen Friedrich Schlegel. Durch ihn kam er in den Kontakt mit dem Nachrichtendienst der SS, dem SD. Der SD war der organisatorische Ausdruck der Verschmelzung staatlicher und parteilicher Aufgaben in Deutschland. Der SD unterstützte als Parteiorgan die Sicherheitspolizei in staatlichen Aufgaben, wie der Überwachung politischer Gegner in der Gesellschaft und überwachte Parteigliederungen. Gleichzeitung versuchte sich der SD von der Partei zu lösen und als eigenständige Organisation Aufgabenfelder der Gestapo zu besetzen. So entstand eine unüberschaubare Verquickung von Konkurrenz und Kooperation zwischen SD und Gestapo, Partei und Staat.[279] Eine Abgrenzung der Aufgabenbereiche beider Institutionen war nicht mehr möglich. Der SD war im Gegensatz zur bürokratisch geprägten Gestapo ein Netzwerk aus Personen, das sich aufgrund gemeinsamer weltanschaulicher Grundlage zusammengeschlossen hatte.

Knoll arbeitete zunächst als ehrenamtlicher Mitarbeiter des SD in der Funktion als Vertrauensmann. Die fließende Struktur des SD erlaubte es ehemaligen Spitzeln in verantwortliche Positionen, in den inneren Kreis des SD aufzusteigen. Knoll absolvierte 1936 und 1937 eine Reserveübung bei der Wehrmacht. In dieser Zeit kam er offenbar mit der militärischen Abwehr des OKW in Kontakt. 1937 begann er seine Tätigkeit als stellv. Abwehrbeauftragter und Werkschutzleiter bei den Junkerswerken in Magdeburg. In das Jahr 1937 fielen die Bestrebungen, der SS Einfluss auf die sicherheitspolitische Abwehr in den Rüstungsbetrieben zu nehmen. Einflussreiche Stellen in der Industrie, und dazu gehörte aus Sicht der SS die Position des Werkschutzleiters in Rüstungsbetrieben, wurden bevorzugt als SS-Führer in den SD aufgenommen. 1937 erfolgte seine Vereidigung auf den SD. Am 20. 4. 1939 wurde er in die SS

---

277 BA: BDC, SSO William Knoll.
278 BA: BDC, SSO William Knoll. Winkelträger Alter Kämpfer, NSDAP- Dienstauszeichnung.
279 Banach, Jens: Heydrichs Elite. Das Führerkorps der Sicherheitspolizei und des SD 1936 - 1945, Paderborn 2002, S.94-97.

mit dem Dienstgrad eines Sturmbannführers aufgenommen und zum SS-Führer im Sicherheitshauptamt-SS ernannt. Die SD-Angehörigen mussten aus den anderen Parteigliederungen austreten.[280] Nur langjährige, zuverlässige und einflussreiche V-Leute wurden Vollmitglied des SD: „[Sie] dürften in keinem Falle auf eine andere weltanschauliche Linie oder Ideologie festgelegt sein, als auf nationalsozialistische."[281] Nach seinem Wechsel zu Daimler 1940 kam Knoll somit in den inneren Kreis der für seinen Arbeitsplatz zuständigen SD-Hauptaußenstelle Potsdam. Er bestimmte die Politik seiner Außenstelle mit. Knoll wurde somit Mitglied in einer Organisation, die in ihre Konzeption als politische Polizei die Idee Röhms des „politischen Soldaten" aufnahm.

Sie war eine im Sinne der NS-Ideologie handelnde Exekutiv-Organisation ohne Einschränkungen des Rechts und staatlichbürokratischer Strukturen. Knoll hatte innerhalb des SD die Position des Beobachters: „Der Beobachter ist der am weitesten vorgeschobene Posten des SD." Er beobachtete nicht passiv, sondern baute sein eigenes V-Mann-Netz auf. Er hatte einen festen geographischen Bereich, eine Kleinstadt, einen Stadtteil oder wie im Fall Knoll einen Rüstungsbetrieb als Operationsgebiet zugewiesen bekommen.[282] Knoll war für die sicherheitspolizeiliche Überwachung von mindestens 16.000 Menschen darunter 12.000 Zwangsarbeiter zuständig. Er genoss im Daimler Benz Werk in Genshagen gegenüber seinen direkten Vorgesetzten eine relative Unabhängigkeit. Der Betriebsführer überließ die sicherheitspolizeiliche Arbeit Knoll, und der zuständige Gestapobeamte kam nur einmal wöchentlich nach Genshagen. Als SD-Angehöriger in der Funktion als Beobachter war er in der nachrichtendienstlichen Tätigkeit für die SS für das Objekt Daimler Benz GmbH Genshagen allein verantwortlich. Er meldete relevante Vorkommnisse dem RSHA. Für die sicherheitspolische Abwehr baute Knoll ein V-Mann Netz auf, das er für die Informationsgewinnung des SD

---

280 Knoll war seit 1932 Mitglied des NSKK und in dieser Organisation Staffelführer und Sportbeauftragter der Standarte. Die zeitweise bedeutungslosen Parteigliederungen wie das NSKK, oder die SA usw. können als ideologisierendes Netzwerk und als Kaderreservoir für andere NS-Organisationen gesehen werden. Im NSKK waren zahlreiche Vorstandsmitglieder von Daimler. Es scheint daher nicht abwegig, dass während des Dienstes entstandene Kontakte für die berufliche Karriere genutzt wurden. Des Weiteren gab es ideologische Schulung in jeweiligen Reichsführerschulen des NSKK oder der SA, die auch Knoll absolvierte. Die Schulung wurde in anderen NS-Organisationen durchaus anerkannt, siehe Übernahme der Dienstgrade bei Übertritten. Letztendlich war der Ort der NS-Schulung gleichgültig, da drei grundlegende ideologische Grundpositionen in allen „NS-Bildungseinrichtungen" vermittelt wurden: Führergedanke, Rassenantisemitismus, Lebensraum.

281 Schrieber, Carsten: „Eine verschworene Gemeinschaft". Regionale Verfolgungsnetzwerke des SD in Sachsen, in: Wildt, Michael: Nachrichtendienst, politische Elite, Mordeinheit. Der Sicherheitsdienst des Reichsführers SS, Hamburg 2003, S.57.

282 Schrieber, Gemeinschaft, S.58.

und für die staatspolizeiliche Repression von angeblichen und offensichtlichen NS-Gegnern nutzte. Während seiner Dienstzeit in Genshagen übergab er mindestens 60 Personen der Gestapo. Gründe der Verhaftungen waren „politische Hetze", Schlechtarbeit oder Arbeitsversäumnis. Viele dieser Personen wurden mit seinem Wissen in ein KZ eingeliefert.[283] Innerhalb des Werkes stand er an der Spitze des Repressions- und Überwachungsapparates. Eine Machtposition, die in sich jedoch einige Widersprüche verband. In den Kompetenzen Knolls kamen die Machtansprüche von vier Institutionen zum Ausdruck. Das wurde in der Aussage Knolls über seinen Aufgabenbereich vor dem Spruchgericht Bergedorf deutlich: „Wir wurden auf den SD verpflichtet, weil die Aufgaben erfüllt werden mussten.

Ich bin vom Sicherheitsdirektor Silberschmidt vereidigt. Wir hatten ein Buch der Abwehrstelle des Wehkreises III gemeinsam mit der Staatspolizeistelle herausgegeben, danach richteten wir uns. Wenn der Verdacht der Sabotage vorlag, wurde es dem Betriebsführer und mir gemeldet, ich machte Vernehmungen und Feststellungen des Tatbestandes, dann gingen Berichte an die mil. Abwehrstelle, Gestapo, RLM und an den Hauptabwehrbeauftragten".[284] Die Machtansprüche der durch Knoll vertretenen Institutionen führten ihn oft in Loyalitätskonflikte. Er zählte als Abteilungsleiter der Daimler Benz GmbH Genshagen zu den leitenden Angestellten. Er verdiente 1944 monatlich 950 RM brutto und war in der Kollektiv-Unfall-Versicherung des Führungspersonals versichert. Das Monatsgehalt entsprach dem Gehalt eines verheirateten Ministerialrats. Für ihn bedeutete dieses Position und das Gehalt einen Aufstieg in die obere Mittelschicht.[285] Gegenüber der Firmenleitung, ihrem privatwirtschaftlichen Machtanspruch, zeigte er sich daher oft loyal: „Unser Werk ist naturgemäß häufig in anonymen Anzeigen angegriffen worden. Z. B. wegen Vergeudung von Kriegsmaterial, Sabotage, missbräuchlicher Benutzung von Kraftfahrzeugen usw. Knoll hat sich in diesem Zusammenhang bei der Gestapo in Potsdam immer wieder für das Werk eingesetzt und nicht etwa eine strammen SS-Mann hervorgekehrt."[286] In diesen Fällen kam Knoll mit dem ideologischen Machtanspruch der Gestapo in Konflikt: „Das ist Schwindel und Gehässigkeit. Stapo hatte V-Männer im Betrieb. Wenn sich jemand strafbar machte, musste ich es weitermelden, ich tat das aber nicht so leicht, meist wusste das die Stapo durch ihre V-Männer und machte mir Vorwürfe "[287]. Mit der Errichtung des KZs Genshagen auf dem Werksgelände in Genshagen fielen die Sicherheitsvorkehrungen in den Tä-

---

283 SH: LS221-11, Urteilsbegründung Spruchgericht Bielefeld im Verfahren gegen William Knoll.
284 SH: LS221-11, Spruchgericht Bielefeld, Aussage William Knoll.
285 Reichsamt, Statistik, S. 370.
286 Stadtmuseum Ludwigsfelde: Bericht Sommer.
287 SH: LS221-11, Spruchgericht Bielefeld, Aussage William Knoll.

tigkeits- und somit Machtbereichs Knolls. Knoll war in Zusammenarbeit mit dem Amt D des WVHA für die Organisation und Durchführung der Einrichtung des KZs zuständig.

Er inspizierte das KZ Sachsenhausen, um sich über die Sicherheitsmaßnahmen zu informieren: „Im Herbst wurde uns durch den Rüstungsstab auferlegt, in unserem Werk 1000 KZ-Frauen zu beschäftigen. Knoll hat sich aus diesem Grunde in das KZ- Oranienburg begeben und berichtete mir hinterher, daß die Frauen zu dritt im Bett schliefen."[288] Nach seiner Weisung wurde der Lageraufbau und die Sicherung des Lagers organisiert: „Alle Luken und Ausgänge der Halle 24 wurden verrammelt und vermauert."[289] Folgend setzte der Werkschutzangehörige und V-Mann Schulze den Sicherheitszaun unter Strom: „Ich habe 1944 selbst beobachtet, wie eine Französin mit einer Zange in der Hand in Begleitung , des sogenannten Schnurbartschulzen,... den Auftrag hatte, mit dieser Zange Draht fest zuwickeln, und zwar an der Umzäunung des Lagers. Man wollte nämlich, da dieser Zaun zum Schutze vor dem Entweichen der KZ-Insassen elektrisch geladen werde."[290] Knoll hatte die menschunwürdigen Verhältnisse im KZ Sachsenhausen persönlich gesehen und das Konzept ihrer terroristischen Behandlung auf das KZ Genshagen übertragen. In den folgenden Monaten war Knoll in administrativen Angelegenheiten, die das KZ Genshagen betrafen, im WVHA in Oranienburg vorstellig: „Ich war einmal im Verwaltungsgebäude des KZ Oranienburg wegen einer Bescheinigung, dass die Frauen von dort keine Kleidung erhielten". Des Weiteren nahm Knoll Einfluss auf die Arbeitsverhältnisse der Häftlinge: „Auf seine Anregung hin wurde dann auch ein Prämiensystem eingeführt, durch das es fleißigen KZ-Frauen ermöglicht wurde, sich zusätzliche Gegenstände, wie Kämme und Bürsten sowie sonstige kleine Gegenstände zu beschaffen."[291] Es ist davon auszugehen, dass Knoll ebenso die Belegschaftsangehörigen und die KZ-Häftlinge in der Halle 24 nachrichtendienstlich überwachen ließ. Das KZ war Teil der Werkstruktur. Knoll war somit für die Abwehr von Spionage und Sabotage in der Halle 24 zuständig. Im eigentlichen Sinne institutionalisierte sich in seinen Kompetenzen die politische Abteilung eines Stammlagers.

Bei Fluchtversuchen und Sabotagevorfällen hatte er Meldung an das RSHA zu geben. Inwiefern er für Sonderbehandlungen, das heißt Exekutionen zuständig war, ist aus den Quellen nicht zu entnehmen. Fluchtversuche aus

---

288   SH: LS221-11, Spruchgericht Bielefeld, Aussage Josef Sommer.
289   DP 3 2014 Aussage KZ-Häftling Friedel Malter.
290   SH: LS221-11, Spruchgericht Bielefeld, Aussage Ernst Schumacher.
291   SH: LS221-11, Spruchgericht Bielefeld, Aussage Josef Sommer.

dem KZ Genshagen sind mit Hilfe von Belegschaftsangehörigen vorgekommen. Was mit diesen Personen geschah, ist nicht geklärt.[292]

---

292 Schmid, Michael: Goldfisch, Gesellschaft mit beschränkter Haftung. Eine Lokalhistorie zum Umgang mit Menschen, in: Barth, Rüstungskonzern, S. 487.

11. Das Ende des Lagers

Im April 1945 wurde das KZ Genshagen aufgelöst. Die Häftlinge wurden in das KZ Sachsenhausen abtransportiert. Kurz vor dem Abmarsch wurden die Häftlinge uniform mit der gestreiften Häftlingskleidung eingekleidet. Einige Häftlinge die im Barackenlager in Ludwigsfelde untergebracht waren, wurden mit LKWs abtransportiert: „Ich wurde mit anderen aus dem Revier am 21. April auf Lastwagen geladen... und nach Sachsenhausen gebracht."[293] Der größte Teil der Häftlinge musste unter SS-Bewachung in einem Fußmarsch nach Berlin Zehlendorf marschieren: „Zum Schluss kam der Befehl, dass wir das Lager verlassen sollten. Wir bekamen jeder ein Laib Brot und zu dritt je eine Konserve."[294] Kranke Frauen wurden auf einen Tafelwagen transportiert. Viele Frauen brachen auf dem Marsch zusammen. Ursprünglich war ein Marsch bis zum KZ Sachsenhausen vorgesehen. Dann aber wurde vom S-Bahnhof Zehlendorf ein Sonderzug der S-Bahn mit wenigen Wagen zum S-Bahnhof Oranienburg eingesetzt. Die Frauen wurden in die Abteile gezwängt. Während der Fahrt erstickten zwei Frauen. Der Kommandant von Sachsenhausen hielt nach der Ankunft auf dem Platz vor dem Eingangstor zum Stammlager eine Rede, in der er den Aufseherinnen für ihre Arbeit dankte und ihnen eine freiwillige Entlassung aus dem SS-Dienst vorschlug.

Einige Aufseherinnen nahmen das Angebot an. Die Häftlinge wurden einige Tage im KZ-Sachsenhausen inhaftiert und gingen dann auf den Todesmarsch.[295]

---

293 Dietrich, Zwangsarbeit, S. 108.
294 Dietrich, Zwangsarbeit, S. 93.
295 DP 3 2014 Aussage KZ-Häftling Friedel Malter.

12. Schlussbetrachtung

Der Werkschutzleiter William Knoll war nicht die einzige Person unter den leitenden Angestellten der Daimler Benz AG Genshagen, die in ihren Kompetenzen eine Schnittstelle zwischen KZ-System und Privatwirtschaft bildete. Der leitende Betriebsarzt Dr. Karl Stalherm war unter anderen für die ärztliche Betreuung der in der Halle 24 arbeitenden KZ-Häftlinge verantwortlich. Er wurde von den Häftlingen „Knochenkarl" genannt. Im Gegensatz zu William Knoll gehörte Stalherm nicht zu der Generation der „alten Kämpfer". Er wurde 1908 in Recklinghausen in einer großbürgerlichen Familie geboren, katholisch getauft und erzogen. Er absolvierte das Gymnasium und studierte in Berlin, München, Köln, Innsbruck und Bonn Medizin. Er promovierte an der Universität Köln mit dem Dissertationsthema „Die unblutige Mobilisierung des versteiften Kniegelenkes". Er spezialisierte sich auf dem Gebiet der Unfallchirurgie und arbeitete bis 1937 als Assistenzarzt im Krankenhaus Marienhof in Koblenz. Stalherm war vor 1933 kein Parteimitglied. Am 7.3.1936 trat Stalherm in den NS-Ärztebund ein. Am 1.5.1937 wurde er in die NSDAP aufgenommen. Stalherm war offensichtlich kein überzeugter Nationalsozialist. Er gehörte zu der Generation der karrierebewussten Technokraten, die sich mit dem NS-System arrangierten. Im Laufe der Zeit ersetzte diese Generation die oft in ihrer Funktion überforderten „alten Kämpfer", die ihre Partei- und Staatsämter als Versorgungsanteil für ihre in der Kampfzeit erworbenen „Dienste" verstanden.[296] Stalherm war neben seiner Stelle als Betriebsarzt in Genshagen für die DAF tätig. 1943 besetzte er in dieser NS-Organisation als Leiter der Abt. Gesundheit und Volksschutz eine führende Position. Im selben Jahr wurde ihm das Kriegsverdienstkreuz 2. Klasse ohne Schwerter verliehen.

In seiner Zeit als Betriebsarzt bei Daimler Benz GmbH Genshagen konnte Stalherm seine politischen Aktivitäten erfolgreich mit der Durchsetzung seiner Forderung nach Verbesserung seines Gehalts verbinden. Die DAF-Führungsebene des Gau Kurbrandenburg setzte sich für die Gehaltserhöhung Dr. Stalherms im Rahmen einer allgemeinen Erhöhung des Gehalts für Betriebsärzte ein. Der Gauhauptstellenleiter der NSDAP und Gaufachabteilungswalter der DAF des Gau Kurmark, Krüger, der Gauamtsleiter Ideler und Gaufachabteilungsleiter „Freie Berufe" v. Angern trafen sich aus diesem Grund persönlich mit PG. Krumbiegel, dem Personalchef der Daimler Benz GmbH Genshagen. Das Gehalt von Stalherm stieg trotz erheblicher Widerstände des Genshagener Management bis zum Ende des Dritten Reiches auf 1400 brutto monatlich. Er war damit der Spitzenverdiener unter den leitenden Angestellten des Betriebes.[297] Nach dem Krieg konnte Stalherm, im Ge-

---

296 Kater, NSDAP, S. 171-179.
297 BLAH: Rep.75. 85, Personalakten Karl Stalherm.

gensatz zu Knoll, an seine ärztliche Karriere während der NS-Zeit ohne nennenswerte Unterbrechung anknüpfen. Er war Gründungsmitglied des seit 1949 existierenden Verbandes Deutscher Betriebs- und Werksärzte e.V., Berufsverband Deutscher Arbeitsmediziner und dessen 2. Vorsitzender. Er arbeitete in dieser Zeit als Betriebsarzt in der Zeche Ewald Herten.[298]

Zur besseren Orientierung in der komplexen Umwelt unterteilt der Mensch diese in Kategorien, das berühmte „Schubladendenken". Dieses reflexartig Beobachten und Verstehen der Welt führt auch in den Geschichtswissenschaften oft zu Generalisierungen und Pauschalisierungen. Die These des „eliminatorischen Antisemitismus" von Goldhagen greift ebenso zu kurz, wie der Reduzierung der NS-Verbrecher auf die ominöse Zahl 50.000.[299] Die deutsche Gesellschaft des Dritten Reiches wurde mit dem KZ-System auf vielfältige Art und Weise in ihrem Alltag konfrontiert.

Viele Deutsche wurden aus den unterschiedlichsten Motiven zu Trägern des KZ-Systems, ohne dafür im Sinne der SS ideologisch und rassisch prädestiniert gewesen zu sein. Das rassistische Handlungsmuster wurde in den zwölf Jahren der NS-Diktatur zur Alltagskultur. Ob dies aus ideologischer Überzeugung geschah, aus opportunistischen Motiven, politischer Naivität oder aus einer Überlappung mehrerer Motive, muss anhand der Quellen überprüft werden. Dr. Stalherm und William Knoll sind Beispiele dafür, dass neben den soziostrukturellen Einflüssen jede Person, die in die Verbrechen des NS-Regimes verstrickt war, ihre eigenen Motive für ihr Handeln besaß. Es ist daher notwendig, in der historischen Aufarbeitung der NS-Diktatur sich der langwierigen empirischen Forschung zu widmen, um der differenzierten Wahrheit näher zu kommen.

---

[298] Verband Deutscher Betriebsärzte und Werksärzte ev. URL: http://www.vdbw.de/ allgeminfo/geschichte/vdbw_geschichte_west.pdf, Stand 21.09.2004.,Knoll war für zwei Jahre interniert und arbeitete danach als Bote.

[299] Goldhagen, Daniel Jonah: Hitler's willing executioners. Ordinary Germans and the Holocaust, New York 1996, Knopp, Guido: Hitler.Eine Bilanz, Berlin 1995.

Abb.1: Luftbildaufnahme der US Air Force vom Werksgelände der Daimler Benz GmbH Genshagen vom 16.02.1945, 1. Halle 24, 2. Ostwache, 3. Betriebsverwaltung (Quelle: Landesvermessung Brandenburg, Landesluftbildstelle: Film-Nr.K079-45, Bild-Nr. 3015)

Abb.2: Luftbildaufnahme der US Air Force vom Bahnhofslager in Ludwigsfelde vom 16.02.1945, 1. Die Baracken der Kommandantur und der SS-Unterkünfte, 2. Die Baracken der Häftlingsunterkünfte, 3. Wohnhäuser der Daimler- Werkssiedlung(Quelle: Landesvermessung Brandenburg, Landesluftbildstelle: Film-Nr.K079-45, Bild-Nr.:3012)

Abb.3: Luftbildaufnahme der US Air Force von Ludwigsfelde vom 25.03.1945, Der Weg der KZ-Häftlinge vom Barackenlager zum Arbeitseinsatz in der Halle 24 .(Quelle: Landesvermessung Brandenburg, Landesluftbildstelle: Film-Nr.K146-45, Bild-Nr.:3039)

Quellen- und Literaturverzeichnis

1. Quellen

a.) Ungedruckte Quellen

Bundesarchiv Berlin-Lichterfelde (BA)

BDC	ehem. Berlin Document Center
R3	Reichsministerium für Rüstung und Kriegsproduktion
NS3	SS-Wirtschafts-Verwaltungshauptamt
NS4	Konzentrationslager
R58	Reichssicherheitshauptamt
DO1	Ministeriums des Innern der DDR
DP3	Generalstaatsanwaltschaft der DDR

Deutsche Dienstelle (WASt)

Zentrale Stelle der Landesjustizverwaltungen zur Verfolgung von nationalsozialistischen Gewaltverbrechen Ludwigsburg (ZStL)

Staatsarchiv Hamburg (SA)

LS 221-11   Staatskommissar für Entnazifizierung und Kategorisierung

Brandenburgisches Landeshauptarchiv, Potsdam (BLHA)

RP75   Personalaktenbestand der Daimler Benz GmbH Genshagen

Archiv Sachsenhausen der Gedenkstätte Sachsenhausen

IWM London

Landesvermessung Brandenburg, Landesluftbildstelle

Stadtmuseum Ludwigsfelde

Bericht von Herrn Direktor Josef Sommer

b.) gedruckte Quellen

Dietrich, Martina: Zwangsarbeit in Genshagen. Dokumentierte Erinnerungen Betroffener, Potsdam 1996.

Roth, Karl H: Die Daimler-Benz-AG 1916 - 1948. Schlüsseldokumente zur Konzerngeschichte Nördlingen 1987.

Statistischen Reichsamt: Statistik des Deutschen Reichs, Berlin 1927 1941.

2. Literatur

Aly, Götz: Rasse und Klasse. Nachforschungen zum deutschen Wesen, Frankfurt am Main 2003.

Banach, Jens: Heydrichs Elite. Das Führerkorps der Sicherheitspolizei und des SD 1936 –1945, Hamburg 2002.

Bauche, Ulrich: Arbeit und Vernichtung: Das Konzentrationslager Neuengamme 1938 - 1945. Katalog zur [ständigen] Ausstellung im Dokumentenhaus der KZ-Gedenkstätte Neuengamme, Hamburg 1991.

Benz, Wolfgang: KZ-Außenlager - Geschichte und Erinnerung, in: Dachauer Hefte, 15, Dachau 1999.

Bindernagel, Franka: Ein KZ in der Nachbarschaft. Das Magdeburger Außenlager der Brabag und der "Freundeskreis Himmler", Köln 2004.

Birk, Gerhard: Ein düsteres Kapitel Ludwigsfelder Geschichte: 1936 - 1945. Entstehung undUntergang der Daimler-Benz-Flugzeugmotorenwerke Genshagen/Ludwigsfelde, Ludwigsfelde 1986.

Buggeln, Marc: KZ-Häftlinge als letzte Arbeitskraftreserve der Bremer Rüstungswirtschaft, in: Arbeiterbewegung und Sozialgeschichte 12, Bremen 2003.

Broszat, Martin: Nationalsozialistische Konzentrationslager 1933-1945, in Buchheim, Hans: Anatomie des SS-Staates, München 1999.

Ders.: Grundzüge der gesellschaftlichen Verfassung des Dritten Reiches, in: Herrmann, Ulrich: "Die Formung des Volksgenossen". Der "Erziehungsstaat" des Dritten Reiches, Basel 1985.

Bullock, Alan: Hitler und Stalin. Parallele Leben, Berlin 1993.

Dietrich, Martina: Zwangsarbeit in Genshagen. Dokumentierte Erinnerungen Betroffener, Potsdam 1996.

Dorn, Peter: Kapitalanlage Mitarbeiter, in: Training 12/2002.

Drobisch, Klaus: Der Werkschutz. Betriebliches Terrororgan im faschistischen Deutschland, in: JWG 1965/IV.

Duden das Fremdwörterbuchs, Mannheim 1990, S.546.

Eichholtz, Dietrich: Geschichte der deutschen Kriegswirtschaft 1939 - 1945, Berlin 1971.

Freund, Florian: Mauthausen. Zu Strukturen von Haupt- und Außenlager, in: Dachauer Hefte 15, Dachau 1999.

Fritz, G. Stephen: Hitlers Frontsoldaten, Berlin 1998.

Fröbe, Rainer: " Wie bei den alten Ägyptern." Die Verlegung des Daimler-Benz-Flugmotorenwerkes Genshagen nach Obrigheim am Neckar 1944/45 ,in: Barth, Peter: Das Daimler-Benz-Buch: Ein Rüstungskonzern im "Tausendjährigen Reich", Nördlingen 1988.

Fröbe, Rainer: Konzentrationslager in Hannover. KZ-Arbeit und Rüstungsindustrie in der Spätphase des Zweiten Weltkriegs, Hildesheim 1985.

Fröbe, Rainer: KZ-Häftlinge als Reserve qualifizierter Arbeitskraft. Eine späte Entdeckung der deutschen Industrie und ihre Folgen, in: Orth, Karin: Das System der nationalsozialistischen Konzentrationslager. Eine politische Organisationsgeschichte, Hamburg 1999.

Gerlach, Christian: Kalkulierte Morde. Die deutsche Wirtschafts- und Vernichtungspolitik in Weißrußland 1941 bis 1944 Hamburg 2000.

Giesecke, Hermann: Die Hitlerjugend, in: Herrmann, Volksgenossen.

Goldhagen, Daniel Jonah: Hitler's willing executioners. Ordninary Germans and the Holocaust, New York 1996.

Hachtmann, Rüdiger: Industriearbeit im "Dritten Reich": Untersuchungen zu den Lohn- und Arbeitsbedingungen in Deutschland 1933 - 1945. Göttingen 1989.

Hoehne, Heinz: Der Orden unter dem Totenkopf. Die Geschichte der SS, Gütersloh 1967.

Hopmann, Barbara: Zwangsarbeit bei Daimler-Benz ,Stuttgart 1994.

Jäger, Herbert: Verbrechen unter totalitärer Herrschaft .Studien zur nationalsozialistischen Gewaltkriminalität, Frankfurt a.M. 1982.

Jansen, Christian: Der "Volksdeutsche Selbstschutz" in Polen 1939/40, Oldenbourg 1992.

Janssen, Gregor: Das Ministerium Speer. Deutschlands Rüstung im Krieg, Berlin 1968.

Kershaw, Ian: Hitler 1889-1936, 1. Band, Stuttgart 1998.

Ders.: Hitler 1936-1945, 2. Band, Stuttgart 1998.

Kater, H. Michael: Ansätze zu einer Soziologie der SA bis zur Röhmkrise, in: Engelhardt, Ulrich: Soziale Bewegung und politische Verfassung.

Kater, Michael H.: Methodologische Überlegungen über Möglichkeiten und Grenzen einer Analyse der sozialen Zusammensetzung der NSDAP von 1925 bis 1945, in: Mann, Reinhard: Die Nationalsozialisten. Analysen faschistischer Bewegungen, Stuttgart 1980.

Knop, Monika: Die Außenlager des Konzentrationslagers Sachsenhausen. Ein Forschungsüberblick, in: Die Außenlager des Konzentrationslager Sachsenhausen und Ravensbrück. Vorträge und Manuskripte des Workshops vom 17. bis 18. Oktober 2003 in der Internationalen Jugendbegegnungsstätte Ravensbrück, Oranienburg 2003.

Knopp, Guido: Hitler.Eine Bilanz, Berlin 1995.

Kogon, Eugen: Der SS-Staat, Frankfurt/M 1959.

Kraukämmer, Elmar: Generalfeldmarschall Albert Kesselring, in: Ueberschär, Gerd R.: Hitlers militärische Elite, Darmstadt 1998.

Mason, Timothy W.: Sozialpolitik im Dritten Reich. Arbeiterklasse und Volksgemeinschaft, Opladen 1978.

Milward, Alan: Arbeitspolitik und Produktivität in der deutschen Kriegswirtschaft unter vergleichendem Aspekt, in: Forstmeier, Friedrich: Kriegswirtschaft und Rüstung 1939-1945, Düsseldorf 1977.

Moll, Martin: "Führer-Erlasse" 1939 - 1945: Edition sämtlicher überlieferter, nicht im Reichsgesetzblatt abgedruckter, von Hitler während des Zweiten Weltkrieges schriftlicherteilter Direktiven aus den Bereichen Staat, Partei, Wirtschaft, Besatzungspolitik und Militärverwaltung, Stuttgart 1997.

Müller-Dietz, Heinz: Recht und Nationalsozialismus, Baden-Baden 2000.

Niendorf, Mathias: Minderheiten an der Grenze. Deutsche und Polen in den Kreisen Flatow und Zempelburg, 1900 - 1939, Wiesbaden 1997.

Nuber, Ursula: Der Mythos vom frühen Trauma, Frankfurt am Main 1995.

Orth, Karin: Die Konzentrationslager- SS, München 2004.

Pesch, Martin: Struktur und Funktionsweise der Kriegswirtschaft in Deutschland ab 1942. Unter besonderer Berücksichtigung des organisatorischen und produktionswirtschaftlichen Wandels in der Fahrzeugindustrie. Köln 1988.

Philipp, Grit: Kalendarium der Ereignisse im Frauen-Konzentrationslager Ravensbrück 1939- 1945, Berlin 1999.

Pohl, Hans: Die Daimler- Benz- AG in den Jahren 1933 bis 1945. Eine Dokumentation Stuttgart 1986.

Reichardt, Sven: Faschistische Kampfbünde. Gewalt und Gemeinschaft im italienischen Squadrismus und in der deutschen SA, Köln 2002.

Reinhard: Die Nationalsozialisten. Analysen faschistischer Bewegungen, Stuttgart 1980.

Reese, Willy Peter: Die Unmenschlichkeit des Krieges. Russland 1941-1944, München 2003.

Roth, Karl H:: Die Daimler- Benz- AG 1916 - 1948. Schlüsseldokumente zur Konzerngeschichte Nördlingen 1987.

Schrieber Carsten: „Eine verschworene Gemeinschaft". Regionale Verfolgungsnetzwerke des SD in Sachsen, in: Wildt, Michael: Nachrichtendienst, politische Elite, Mordeinheit. Der Sicherheitsdienst des Reichsführers SS, Hamburg 2003.

Schmid, Michael: Goldfisch, Gesellschaft mit beschränkter Haftung. Eine Lokalhistorie zum Umgang mit Menschen, in: Barth, Peter: Das Daimler-Benz-Buch: Ein Rüstungskonzern im "Tausendjährigen Reich", Nördlingen 1988.

Schwarz, Erika: Geschichte und Kategorisierung der Ravensbrücker Außenlager, in: Die Außenlager des Konzentrationslager Sachsenhausen und Ravensbrück. Vorträge und Manuskripte des Workshops vom 17. bis 18. Oktober 2003 in der Internationalen Jugendbegegnungsstätte Ravensbrück, Oranienburg 2003.

Schulte, Jan Erik: Zwangsarbeit und Vernichtung: das Wirtschaftsimperium der SS.

Oswald Pohl und das SS-Wirtschafts-Verwaltungshauptamt 1933 - 1945, Paderborn 2001.

Schwarz, Gudrun: SS-Aufseherinnen in nationalsozialistischen Konzentrationslagern (1933-1945), in: Dachauer Hefte 10.

Setkiewicz , Piotr: Häftlingsarbeit im KZ Auschwitz III- Monowitz. Die Frage nach der Wirtschaftlichkeit der Arbeit, in: Orth, Konzentrationslager, S.584-605.

Siegfried, Klaus-Jörg: Rüstungsproduktion und Zwangsarbeit im Volkswagenwerk 1939 – 1945.Eine Dokumentation, Frankfurt am Main 1987.

Sofsky, Wolfgang: Die Ordnung des Terrors, Frankfurt am Main 1993,S.201.

Ders: An der Grenze des Sozialen. Perspektiven der KZ-Forschung, in: Orth, Karin: Die nationalsozialistischen Konzentrationslager, Frankfurt am Main 2002.

Stumpf, Reinhard: Die Luftwaffe als drittes Heer. Die Luftwaffen-Erdkampfverbände und das Problem der Sonderheere 1933-1945, in: Engelhardt, Ulrich: Soziale Bewegung und politische Verfassung, S. 693.

Szejnmann, Claus-Christian Werner: The rise of the Nazi party in Saxony between 1921 and 1933, London 1994.

Wagner, Jens-Christian: Produktion des Todes. Das KZ Mittelbau- Dora, Göttingen 2001.

Werner, Uwe: Anthroposophen in der Zeit des Nationalsozialismus, München 1999.

Winkler, Heinrich August: Weimar 1918 - 1933. Die Geschichte der ersten deutschen Demokratie, München.

Internet

Benz, Wolfgang.: "Es hätten hundertmal mehr Menschen gerettet werden können", URL: http://www.netzeitung.de/spezial/deranderewiderstand /296105.html, Stand 21.10.2004.

Rechenberg , Joachim: Der "Bauch der SS" , URL: http://www.berlinische- monatsschrift.de/bms/bmstxt97/9704proh.htm,Stand 21.10.2004.

Scheer, Regina: Die Schande - Daimler und die Zwangsarbeit, URL: http://www.brsd.de/archiv/CuS_Archiv/CuS_12_1999/Daimler_und_die_Zwangsarb eit/daiml er_und_die_zwangsarbeit.html, Stand 21.10.2004.

Verband Deutscher Betriebsärzte und Werksärzte ev. URL: http:/www. vdbw.de/allgemeinfo/geschichte/vdbw_geschichte_west.pdf, (21.09.2004).

Abkürzungsverzeichnis

Abb.	Abbildung
AG	Aktiengesellschaft
BA	Bundesarchiv, Berlin Lichterfelde
BDC	ehemals Berlin Document Center, Bundesarchiv
BLHA	Brandenburgisches Landeshauptarchiv, Potsdam
BRD	Bundesrepublik Deutschland
DAF	Deutsche Arbeitsfront
DDR	Deutsche Demokratische Republik
GmbH	Gesellschaft mit beschränkter Haftung
Gestapo	Geheime Staatspolizei
HJ	Hitler-Jugend
KZ	Konzentrationslager
NSDAP	Nationalsozialistische Arbeiterpartei
NSF	Nationalsozialistische Frauenschaft
NSFK	Nationalsozialistische Fliegerkorps
NSKK	Nationalsozialistische Kraftfahrerkorps
NSV	Nationalsozialistische Volkswohlfahrt
OKW	Oberkommando der Wehrmacht
PAW	Polizeiabteilung Wecke
RLM	Reichsluftfahrtministerium
RM	Reichsmark
RLB	Reichluftschutzbund
RmRuK	Reichsministerium für Rüstung und Kriegsproduktion
Rü-Ko	Rüstungskommando
SA	Sturmabteilung der NSDAP
SD	Sicherdienst
SPD	Sozialdemokratische Partei Deutschlands
SS	Schutzstaffel der NSDAP
WVHA	SS-Wirtschaftsverwaltungshauptamt
ZStL	Zentrale Stelle der Landesjustizverwaltungen, Ludwigsburg